吉林省教育厅科学研究项目（JJKH20230173SK）资助

国企高管薪酬法律问题研究

Research on Legal Regulation of Executive　Compensation in State-owned Enterprises

于　淼◎著

吉林大学出版社

·长春·

图书在版编目（CIP）数据

国企高管薪酬法律问题研究 / 于淼著. —— 长春：
吉林大学出版社, 2023.10
ISBN 978-7-5768-2052-2

Ⅰ.①国… Ⅱ.①于… Ⅲ.①国有企业－企业领导－
劳动报酬－劳动法－研究－中国 Ⅳ.①D922.504

中国国家版本馆CIP数据核字(2023)第169677号

书　　名：国企高管薪酬法律问题研究
GUOQI GAOGUAN XINCHOU FALÜ WENTI YANJIU

作　　者：于　淼
策划编辑：黄国彬
责任编辑：杨　宁
责任校对：田　娜
装帧设计：刘　丹
出版发行：吉林大学出版社
社　　址：长春市人民大街4059号
邮政编码：130021
发行电话：0431-89580028/29/21
网　　址：http://www.jlup.com.cn
电子邮箱：jldxcbs@sina.com
印　　刷：天津鑫恒彩印刷有限公司
开　　本：787mm×1092mm　　1/16
印　　张：9.75
字　　数：150千字
版　　次：2024年3月　　第1版
印　　次：2024年3月　　第1次
书　　号：ISBN 978-7-5768-2052-2
定　　价：58.00元

前　言

　　企业高管薪酬属于现代公司治理的一部分。我国国有企业（国企）是社会主义制度下的一种公有制企业，且在国民经济中占据着核心地位。随着国企改革的持续推进，越来越多的国企通过上市进入资本市场，在国民经济发展中发挥出更加重要的作用。国企除具备一般性企业特征之外，还具有很强的公众性特征，具体表现为全体人民为国企的主要所有者，国务院国有资产监督管理委员会（国资委）是代表国家和全体人民履行出资人及管理职责的机构，若国企高管薪酬不合理或畸高，势必会引发公众对社会正义和分配公平的热议，影响到国有资产的保值增值甚至导致资产流失。基于经济学角度市场自治的研究已经屡见不鲜，站在法律视角尝试纾困企业治理难题、持续给予法律规范供给、以事前事后有效监管开展研究在当下的市场环境中确有必要。

　　囿于现代企业治理中所有权和经营权系"两权分离"状态，导致国企高管与所有者之间存在利益冲突；国企所有者缺位导致以董事会为主的内部人控制现象严重；以及实践中信息不对称弱化了对高管薪酬的监管等原因，国企高管薪酬确存在不合理的情形，具体表现在：决定权分配及决定机制失灵问题；薪酬设计标准不合理问题；信息披露不充分导致信息不对称问题；事后矫正机制及司法有效介入机制不健全问题等。基于以上的诱因和问题表现，本书共计七部分并以总分结构开展研究，第一章和最后一章为绪论和结论，第二章为研究的基础理论部分，其余四章结合域外公司治理结构的考察提出针对性的意见建议。就决定权分配及决定机制失灵问题，提出优化国企治理结构，赋予股东话语权及成立具有独立性的薪酬委员会的制度安排。就薪酬标准设计标准不合理问题，从经济学角度设置参照点为入手点，细化薪酬标准，完善薪酬制定流程。就信息披露不充分导致信息不对称问题，提出完善信息披露立法，适当改进信息披露制度并开展优先权研究。最后就事后矫正机制及司法有效介入机制不健全问题，提出建立实质性司法审查制度，完善薪酬追回制度的建议。国企高管薪酬的法律规制问题，需要结合国企深化改革去完成从"思维嬗变"到"结构优化"到"制度安排"的系统性转变，才能达到真正的有效激励与防范风险之效。

目　录

绪论…………………………………………………………………………… 1

第一章　国企高管薪酬法律规制问题的基础理论………………… 25
　　第一节　国企高管薪酬及薪酬法律规制概念界定 ………… 25
　　第二节　国企高管薪酬法律规制的动因分析 ……………… 35
　　第三节　国企高管薪酬法律规制的正当性研究 …………… 37

第二章　国企高管薪酬决定权分配的法律问题…………………… 42
　　第一节　国企高管薪酬决定主体 …………………………… 43
　　第二节　国企高管薪酬决定原则 …………………………… 48
　　第三节　国企高管薪酬股东话语权和薪酬委员会独立性问题透析 … 50
　　第四节　国企高管薪酬决定权分配的法律对策 …………… 55

第三章　国企高管薪酬标准及设计问题…………………………… 70
　　第一节　企业高管薪酬标准的问题提出及理论分析 ……… 70
　　第二节　实证结果与分析 …………………………………… 75
　　第三节　国企高管薪酬标准的原则性建议及设计流程 …… 76
　　第四节　国企高管薪酬标准确定后的控制体系 …………… 81

第四章　国企高管薪酬信息披露的法律规制问题………………… 88
　　第一节　国企高管薪酬信息披露的立法和优先权问题 …… 88

第二节　高管薪酬信息披露立法和优先权问题的域外启示 ········ 91

第三节　我国国企高管薪酬信息披露的法律规制对策 ············ 95

第五章　我国国企高管薪酬不当的司法介入问题 ············· 109

第一节　国企高管薪酬不当的司法介入关键问题 ············· 109

第二节　国企高管薪酬不当的司法介入必要性分析 ············· 112

第三节　国外关于企业高管薪酬不当司法介入实践启示 ········· 117

第四节　我国国企高管薪酬不当的司法介入对策 ············· 121

结论 ··· 131

参考文献 ··· 134

绪　论

一、研究背景

随着国企改革的推进，越来越多的国企通过股改上市，真正融入了资本市场，而国企高管的薪酬上限也在不断提高，关于国企高管薪酬问题越来越受到人们的关注，而且已经成为一项国际性的公司治理难题。我国的国企高管问题随着股市的成熟不断凸显出来，尤其是高管的中长期激励薪酬，更是让他们的收入持续攀升，形成了大幅涨薪现象，因而国企高管的薪酬问题也变得越来越突出。自2006年以来，许多上市国企加大了高管的股权激励薪酬，这使得他们的薪酬有着很快的上涨速度，薪酬的绝对值非常高[①]。国企高管快速的薪酬增长以及稳定的上升态势，远远超过了企业的业绩增长，展现出非常典型的薪酬高、效能低的现象，导致国企高管的薪酬增长与他们的效能发挥不成正比。尤其是2008年全球性的经济危机之际，这一问题被现实困境不断放大。一方面，国企高管薪酬因股权激励等政策出台导致薪酬畸高，且相当一部分企业的高管薪酬增幅超过了经营业绩增幅，甚至在企业业绩出现负增长的情况下，高管薪酬仍增不减。另一方面，从薪酬的双面性来看，相对较高的薪酬会吸引治理专业人才更好地为企业服务，但高薪酬与职工平均工资差距不断增大，甚至呈几何级增长，引发了人们对于薪酬合理性而非单纯薪酬高的思考，从而引发了对收入公平等社会性问题的讨论。

---

① 步丹璐，蔡春，叶建明. 高管薪酬公平性问题研究——基于综合理论分析的量化方法思考 [J]. 会计研究，2010（5）：39-46.

就薪酬偏高的问题，有学者指出股权激励是一把双刃剑，既能通过股权的吸引力引入高层次人才，但也使某些国企高管的薪酬达到了一个天文数字，尤其是期权兑现的金额持续上升。我国财政部针对这种现象，推出了企业高管限薪令，在一定程度上缓解了该问题，但限薪令是否能真正执行到位还有待时间证明。虽然国企高管的薪酬问题日益突出，但国企改革的步伐依然在不断加快。2016年，我国《上市公司股权激励管理办法》正式通过，经过几年试行之后变得更加成熟，这给国企高管薪酬问题的解决奠定了良好基础。但从一定程度上看，股权激励管理办法依然存在较多的问题，例如股权的行权期限与年终奖相一致，都是一年，这种范围下限不严格的长期激励，使得许多上市国企关于高管激励有更广泛的选择范围，普遍存在个人利益的短期实现行为[①]。在我国经济快速发展的背景下，加上股权激励机制的普及，国企高管的天价薪酬层出不穷，超千万的薪酬变得非常普通，这在以前是不敢想象的。关于国企高管薪酬问题的解决，其核心在于如何对高薪进行规制，如何推动高管薪酬机制的合理化发展。对于现代企业来说，股权激励是一种创新举措，激励薪酬逐渐成为国企高管薪酬结构里的一个主要部分，甚至薪酬激励制度代替了传统的薪酬制度。国企高管薪酬形式的变化，是对金融市场变化的一种客观反映，体现出国企高管薪酬机制的理论与实践探索。但从实际情况来看，国企改革伴随着上市高潮的日益深入，国企高管薪酬问题已经融入金融市场，并逐渐偏离了原来的轨道。近几年来，国企高管天价薪酬的现象不断出现，说明股权激励和薪酬约束之间的天平已经失去了平衡，导致越来越多的人对国企高管薪酬机制产生了质疑。就薪酬合理性来讲，高管薪酬的增长与企业经营业绩增幅不符，与职工平均工资差距较大。国企不同于其他类型的普通企业，其高管一方面担任企业的管理责任人，同时其也具有一定的行政角色，除薪酬安排外，人们对部分国企高管薪酬不公平的感知还可以从"另类锦标赛"理论中找到答案，即除了工资差距外，国企高管还存在在职消费和政治晋升的隐形问题。由此引出国企高管薪酬的研究背景问题。

---

① 高凤莲，高遵剑.高管薪酬与违规的实证研究［J］.财会通讯，2018（36）：70-74.

从整个世界范围来看，企业高管的薪酬问题被各国政府所重视，并引起各国学者以及民众的关注。自21世纪以来，关于企业高管薪酬问题的研究已经取得了很大的成就，越来越多的学者认为需要通过法律来规制企业高管的薪酬问题，不断完善这方面的法律制度，从而体现企业高管薪酬的合理性，在一定程度上还可以推出严格的限薪令①。在国内，经济体制改革正在不断深入，国企改革成为一种必然趋势，在经济体制的顶层设计里面，国企高管薪酬是一个必须要解决的问题。2013年，国务院批转《关于深化收入分配制度改革的若干意见》，明确指出要强化国企高管的薪酬管理，使薪酬分配制度能够适应国企高管的分类管理，体现出高管的选任方式以及差异化②。2015年，国务院颁布关于央企高管的薪酬制度改革方案，旨在调整不合理收入和过高的收入③。诸多的政策不断出台，为国企高管限薪令的实施打下了基础。在我国股票市场中，国企是全部上市公司的一个主体部分，为选择与现代金融市场接轨，打破传统的"大锅饭"机制，有不少上市国企推出了股权激励计划，并伴随着国家限薪的一些要求，成为目前国企高管薪酬问题解决的一个主要特色。

关于企业高管薪酬机制的设计，从本质看属于利益分配的一个过程。尤其对于经过股改之后的国企来说，利益方包含了高管和股东、股东和股东等相关主体，他们存在着一定的利益冲突，并意愿将此冲突恢复和谐。从世界范围来看，无论是西方发达国家还是发展中国家，政府基本上代表着全民利益，但要扮演好维护金融市场安稳的角色，需要合理规范企业的控制权和所有权，确保股东利益实现最大化，这是维持金融市场安定的一个根本前提。其中企业高管的薪酬必须要跟他们所做出的贡献相配套，否则将有可能扰乱金融市场的秩序。我国的市场经济起步较晚，关于公司治理的相关法律制度

---

① 陈霞，马连福，丁振松.国企分类治理、政府控制与高管薪酬激励——基于中国上市公司的实证研究［J］.管理评论，2017（3）：147-156.

② 罗建兵，邓德胜.企业激励和政府规制下的高管薪酬研究［J］.技术经济与管理研究，2015（1）：45-49.

③ 张宜霞，石大鹏.行业垄断、薪酬管制与高管货币性薪酬——基于中国上市公司的实证研究［J］.会计之友，2017（1）：94-100.

还不完善，未有效遏制贫富的两极分化，市场发展理论与实践脱节现象依然存在。在这种大背景下，站在不同角度探索和思考国企高管薪酬的规制，有助于推动社会公平的实现，促进和谐社会建设，加大我国市场经济的发展步伐，因此具有较大的时代意义。国有上市公司是我国股票市场的主要成员，并且是国企改革的典型代表，探索国有上市公司高管薪酬问题同样具有代表性[①]。解决股改背景下国有企业高管薪酬问题，从问题的探索、分析，到提出解决措施，形成了一条鲜明的研究路线。

通常来说，以股权激励为基础的薪酬机制具备两个显著的特性：一是需要有高激励性，二是需要体现出长期性[②]。很显然，国有企业的薪酬激励机制能够发挥出较大的积极作用，但一旦偏离了原有的轨道，则有可能导致各方利益的不平衡，甚至有可能被国企高管所利用，不断抬高自己的薪酬，使得国企高管薪酬问题成为一个社会化的现象。对于股份制的现代企业来说，薪酬设定程序应表现出公正性，各方主体利益需要通过代理权得到保障。这就需要进一步深入研究适合我国国情的薪酬激励机制，使它能够发挥出积极的作用，走上正常的轨道。如今，我国已成为全球第二大经济体，对世界经济的影响力越来越大，这更加能够体现出对于国企高管薪酬规制的重要程度。国企正逐步走向全球化，高管的薪酬机制也在向国际标准靠拢，这有利于国企吸引和留住更多的高级人才，而股权激励则能更好地发挥出企业高管的一种主观能动性，使他们有更大的动力为企业发展作出贡献，实现一种双赢的局面。此外，基于我国国企既要遵守市场经济的相关法律制度，还要根据自身特征接受行政规制手段的相关约束。站在当前的立场，越来越多的国企通过股改上市，而股权激励制度也被众多的国企所推行。在这种情况下，国企高管薪酬制度的完善应扬长避短，使高管的个人价值得到实现，并促进企业的业绩提升，使企业的财富得以增加，同时还能推动整个社会的进步。关于国企高管薪酬规制所牵涉的法律

① 张楠，卢洪友. 薪酬管制会减少国有企业高管收入吗——来自政府"限薪令"的准自然实验[J]. 外国经济与管理，2017（4）：24-39.

② 袁春生，唐松莲. 外部董事与高管薪酬激励:经理市场的调节作用——基于民营上市公司的经验研究[J]. 山西财经大学学报，2015（5）：84-99.

较多，此次研究主要站在公司法的立场，深入探索如何从法律视角规制国企高管薪酬。

二、研究意义

（一）理论意义

对于公司治理来说，主要内容涉及以下三个方面：一是公司控制权如何分配；二是如何应对外部市场的竞争；三是如何安排薪酬激励机制[①]。在传统模式下，公司治理内容以前两者为主，通常不会重视对高管的薪酬激励机制。但是随着资本市场的不断发展，相关的薪酬激励机制也被越来越多的企业所关注。薪酬激励机制能够紧密将员工个人与企业长远利益的关系，特别是将高管与企业的长远利益挂钩，更能够促进高管作为激励对象，为企业与股东价值的最大化而不断辛勤工作，这是高管薪酬激励的一个核心要义。对于企业来说，员工个人既包括了公司的高级管理人员，同时也包括了普通的职员，关于普通职员的薪酬激励，一般与管理学中的公司治理章程相关，而公司高管的薪酬激励，则会牵涉公司法中的公司治理章程，同时国企高管因其特殊性，又会牵涉社会公正和收入公平的问题，因此具备了法律方面的意义。

从当前所涉及的关于企业高管的一些基本法律问题来看，是不是要规制企业高管的薪酬呢？这一点引起了国内外学者的广泛关注。有学者认为公司高管的薪酬，处在公司自治的一个范围之内，可以让市场机制发挥作用去自动调节，而强制引入法律规制没有很大的必要性。但是依然有较多的学者从管理层的权力理论出发，认为公司高管有可能通过不正当途径笼络董事会的成员，进而为自身牟利，形成自定薪酬的局面，例如通过董事会的许可提高自己的薪酬等，这些通过市场自治无法实现，所以需要引入一定的法律规制。相对来说，绝大多数的学者都认为企业高管的薪酬问

[①] 胡玲，陈黎琴，黄速建.高管薪酬、公司治理与企业绩效的实证分析［J］.中国社会科学院研究生院学报，2012（4）：33-43.

题，其根本来源是公司治理结构有一定的缺陷，所以在市场机制失灵情况下通过法律进行规制，有利于各方利益的均衡和保护，比如突出公司薪酬委员会拥有的独立性问题。在一般情况下，公司高管的薪酬会受国家政治行为的高度影响，这也会影响到单纯意义上的公司高管立法的改革效果。另外，由于立法者和公众容易产生信息方面的隔阂，因此立法有可能会缺失普适性。因此本书关于国企高管薪酬法律规制的研究，有一定的理论意义。

（二）实践意义

自20世纪50年代以来，关于企业的股权激励制度开始在全球流行起来，这个制度的核心在于股票期权。随后的几十年里，经济全球化发展成为一种常态，各国的股市也在不断攀升，变相地提高了许多公司的市场价值，进而导致公司高管薪酬的攀升。当然，当经济处于上行阶段，由于经济形势的整体向好，公司高管的薪酬问题可能暂时不会引起人们的关注。但是当经济开始下行的时候，公司高管的薪酬问题就容易引起人们的关注。例如美国有不少学者就批评了该国的高管薪酬问题，认为不少上市公司的高管薪酬过高，违背了股票的市场价值规律[①]。还有的学者认为美国公司的高管薪酬问题，会引发一些社会性的矛盾[②]。相对来说，美国对于企业薪酬的规范还是比较成功的，有效促进了美国经济的不断增长，强化了公司治理制度的完善。一般来说，一家公司的高管薪酬跟这家公司的业绩紧密相连，当公司的业绩有波动时，或者公司的股票有起伏时，公司高管的薪酬也会出现相应的调整。出于股权的激励作用，高管通过工作效率的提升来回报公司和股东，并为公司全体员工创造更大的福利。从这一层面看，公司高管的高薪现象也反映出行业对高级人才的尊重，体现出一定的市场需求。美国学者艾拉·凯等人认为：在美国，许多薪酬实践部鼓励并最终导致股东创造价值与生产等增长，而不是以股东和其他员工的为价

[①] Jasso Guillermina Meyersson Milgrom Eva M. Distributive Justice and CEO Compensation ［J］. Acta Sociologica, 2008, 51（2）: 123-143.

[②] 艾拉·凯, 斯蒂文·范·普腾. 企业高管薪酬［M］. 徐怀静, 等, 译. 北京: 华夏出版社, 2010: 248.

值。

从国内的情况看，企业高管薪酬的问题也被全社会所关注。我国正在不断推进国有企业改革，而国企高管的薪酬设计在改革中占据着重要地位。关于公司治理理论在我国的实践，根据相关情况，主要对两会（监事会与董事会）制度进行强调，这一点与日本、德国等国的公司治理模式比较类似。我国股改后的国有企业，会成立监事会与董事会，并与股东大会形成一定的制衡关系。从理论角度看，国有企业的所有人为全体公民，但因为其人数众多，无法真正实现企业治理，故国资委代表国家和全体人民行使名义上的所有人职权。从现实运行情况来看，国资委管理企业众多，其会提出相关的候选人进入董事会任职。任职方式有政府任命、政府建议任命以及通过公开招聘等。但无论如何都无法绕开董事会决议。在这种情况下，国资委的话语权大多体现在形式上，股东大会并不一定能发挥出应有之效，而监事会的作用则更是形同摆设。因此从表面看，两会与股东大会是制衡的，但这种制衡机制无法体现出应有的效果。因此，出于各方利益的整体考量，需要对高管薪酬的制定等进行必要研究，这正是研究的基础所在。

在我国的公司治理进程中，应正确发挥出国企高管薪酬制度的作用。尤其对于已经上市的国企来说，需要遵循《上市公司股权激励管理办法》，全面推广股权激励机制等中长期激励方式。但是相对来说，我国的股权激励机制推行时间不长，可能会出现执行不到位或有相应的副作用产生，成为国企高管提高自身薪酬的不良工具。本书从整体上对国企高管薪酬情况进行了全面的分析，并探究了基于法律层面的各个方面的不足之处，例如薪酬决定机制失灵、薪酬标准不合理、信息披露方面的不充分、司法介入方面的不足等。国企高管薪酬对它们的激励，有其逻辑的起点，也有法律规制的终点。本书对西方国家在企业高管薪酬方面的一些先进做法进行比较研究，从中得到启示，并提出进一步完善我国国企高管薪酬问题的法律规制的路径方法，从而推动我国国企高管薪酬的法治化发展，因此有较大的实践意义。另外作为高管薪酬主要法律依据的《公司法》于2022年公开修改意见稿，其中有关于公司高管忠实义务和勤勉义务、高管责任认定等事由的议题，为本书注入最新的研究灵感，同时该问题也能在实践应用领域更好地回应法律修订后的现实适用等问题。

三、研究现状

"高管薪酬"这一研究对象起始于20世纪30年代，由于公司治理制度的推广，这方面研究越来越受到学者的关注。例如1932年，美国学者伯利和米恩斯出版《现代公司与私有财产》对公司的所有权和经营权如何合理分离进行了研究，发现公司治理中的代理人和委托人也会存在利益方面的矛盾，进而提出更有效的治理方式，其中高管薪酬治理就是一个组成部分。到20世纪70年代初，代理理论在西方得到了进一步发展，有了更加广泛的应用领域。总体来看，在西方国家，基于代理理论分析公司高管薪酬和公司业绩是否存在正相关性的研究较多，并发现了许多不寻常的现象，例如有的公司明明效益下滑，而高管的薪酬依然居高不下，这引起了许多学者的关注。有学者认为可能高管的运气好，使得自身的利益没有受到较大影响[1]。但也有学者提出了反问，例如1997年，Meltzer Mark 和Goldsmith Howard两位学者对高管的运气问题提出了质疑[2]。2012年，Huffman Matt研究了高管薪酬和公司效益之间的关系，发现两者的轨迹存在一定联系[3]。国外还有学者认为资本主义国家存在较为紧张的劳工关系，矛盾比较深，如何转移矛盾对于公司高管薪酬的约束是一种手段[4]。显然，国外的代理理论发展得较为成熟，在各个领域都有着广泛的应用，并促进了薪酬机制的发展。

[1] Lissy William E. Currents in Compensation and Benefits [J]. Compensation & Benefits Review, 1993, 25（6）: 7-16.

[2] Meltzer Mark, Goldsmith Howard. Executive compensation for Growth Companies [J]. Compensation & Benefits Review, 1997, 29（6）: 41-50.

[3] Huffman Matt L. ShinTaekjin.The Gender Gap in Executive Compensation [J]. The ANNALS of the American Academy of Political and Social Science, 2012, 639（1）: 258-278.

[4] 伯利, 米恩斯. 现代公司与私有财产 [M]. 甘华鸣, 等, 译. 上海: 商务印书馆, 2005: 136.

　　从20世纪30年代开始"高管薪酬"的研究，至今已经走过九十余年的研究历程。在美国的许多关于公司理论的论著中，都会把公司的代理关系看成是一种潜在的合同，因此要具备一定的契约精神，而并非总追求着效益的最大化①。公司治理制度经过现代化的发展，代理关系变得更加厚实，在西方学者的观点中，经理人只负责企业的正常运转，他们没有公司剩余价值的索取权，同样也不用为企业承担经营不善的风险；这些权利和责任为股东所享有，而股东还应具备监控和激励经理人的权力，防止经理人出现相关的越轨行为。在一般情况下，如果存在信息不对称的状况，而且相关的环境也不确定，很有可能会导致经理人和股东的契约不完善。经理人作出最优决策后，可能会索取一定的成本，并将其体现在薪酬里面，这就导致了经理人和股东之间存在着利益方面的分歧。在这个时候，公司应考虑如何改善股东和经理人之间的关系，如何正确使用代理理论完成公司治理，通过一定的激励措施提高经理人的积极性，使股东能够得到最大化的利益②。自此，西方国家关于公司高管薪酬方面的研究日益增多，覆盖领域也非常广泛。

　　美国作为经济发达国家，其学者研究公司高管薪酬较早，相关的研究成果一直在国际学术界占据着主导的地位。而国内关于公司高管薪酬方面的研究，对美国的学术成果借鉴得也比较多。在2008年以前，国际金融危机还未爆发，国内学术界就已开始纵深研究企业高管薪酬问题，且涉及基于法律层面的规制③。但是在以前的研究中，国内学者也有反对通过法律对高管薪酬进行规制的，认为法律对公司进行过多的干预，可能会造成违背市场规律的问题④。这一矛盾现象一直持续到2008年，当国际金融危机爆发

①　Paulin George B.Executive Compensation and Changes mn Control: A Search for Fairness［J］. Compensation & Benefits Review, 1997, 29（2）: 30-40.

②　戴维·凯里，约翰·莫里斯.资本之王［M］.巴曙松，译.北京：中国人民大学出版社，2011: 144.

③　朱羿锟，等.高管薪酬：激励与控制［M］.北京：法律出版社，2014: 45.

④　虞政平.股东有限责任——现代公司法律之基石［M］.北京：法律出版社，2001: 98.

之后，高管薪酬问题受到越来越多人的关注，而法律规制则成为一种有效的手段被更多的学者所推崇，自此意见才算得到了统一。

（一）高管薪酬的合理性研究

关于公司高管薪酬的合理性，西方国家研究得非常透彻，占主流观点的主要是承认公司高管薪酬机制的正当性，而其合理性则受到一定的质疑，许多西方学者都提出要不断完善公司高管薪酬机制，进而提高它的合理性，这样才能保障高管薪酬机制的公平运转。例如有美国学者提到了如何强化公司高管薪酬机制的可持续发展，认为需要加强长期股权的激励力度，并将公司高管薪酬与其业绩进行挂钩，使公司以及股东的利益得到保障[1]。这就需要限制公司高管的权力滥用，确保股权激励方案的落实。而非主流观点则是承认公司高管机制存在的合理性。有学者认为公司高管薪酬机制之所以在美国受到欢迎，推动了现代公司治理的发展，主要是因为公司高管薪酬机制在一定程度上对美国经济造成了刺激，因此受到国会的支持[2]。当然，在美国，绝大多数学者都认可公司业绩对高管薪酬的影响力，两者是正相关的关系。美国学者罗伯特·席勒批评了公司管理层的权力观，认为公司管理层的权力观只是单纯解释公司高管薪酬的实践问题，而不具备理论上的深入支持[3]。理查德·波斯纳则认为：在美国，关于公司治理理论在实际方面的发展，已取得很大成绩，公司高管薪酬的制定模式，基本可以反映该公司在股市的真实表现，因此其合理性比较强[4]。扎比霍拉哈·瑞扎伊也对美国公司高管薪酬机制的落实成绩给予了肯定[5]。英国学者

---

[1] 卢西恩·伯切克，杰西·弗里德. 无功受禄：审视美国高管薪酬制度［M］. 赵立新，等，译. 北京：法律出版社，2009：89.

[2] 艾拉·凯，斯蒂文·范·普腾. 企业高管薪酬［M］. 徐怀静，等，译. 北京：华夏出版社，2010：132.

[3] 罗伯特·席勒. 金融与好的社会［M］. 束羽，译. 北京：中信出版社，2012：211.

[4] 理查德·波斯纳. 法律、实用主义与民主［M］. 凌斌，李国庆，译. 北京：中国政法大学出版社，2005：321.

[5] 扎比霍拉哈·瑞扎伊. 后《萨班斯—奥克斯利法》时代的公司治理［M］. 陈宇，译. 北京：中国人民大学出版社，2009：362.

保罗·戴维斯认为，如何确定高管薪酬应从关联交易的角度出发，充分考虑这一过程是否会涉及相关的利益冲突，并以此为依据制定相应的标准，使公司高管薪酬制定变得更加合理化，体现出现代化公司治理制度的公平性①。Jensen和Murphy主张公司应"按业绩付费"，即将高管薪酬与可以量化的客观标准挂钩。从法律制度上，美国对税法进行修订，其中规定高管薪酬超过100万美元且不与公司业绩挂钩的部分，不得用以抵扣税负。

（二）高管薪酬的法律规制研究

1.国外关于公司高管薪酬法律规制的研究状况

第一是关于如何决定公司高管薪酬的研究。根据美国学者的研究结果，由于美国每个州的法律有所区别，他们会按照符合本州实际情况的法律对公司高管薪酬的多少进行规定，而且决定权掌握在董事会手中。但董事会大多由CEO所控制，所以高管薪酬的自行设定现象比较普遍，难以体现出公平性。美国有不少文献阐述了公司高管薪酬决定和法律规制脱节的问题，并提出一定的应对之策，如管理层的权力理论就得到了广泛的应用。但从实际情况看，公司代理关系一般有着多层次性，而CEO对董事会的控制，导致股东和经理人的谈判缺少契约精神，使得监督力下降。企业高管很可能会使用相关的权力对董事会的决定进行干预，使得契约内容名不副实。因此有学者认为要加大高管薪酬信息的透明度，不断提高董事会的责任感，严格根据高管的业绩对其薪酬进行支付，增强动态奖金的比例。美国还有不少学者研究了高管薪酬制定时的股东话语权问题。如Farris Paul等学者深入分析了股东话语影响高管薪酬的程度，认为股东话语权在整个过程中都是比较重要的，可行性较强。Cook Alison等认为股东话语权的提升，可以解决高管自定薪酬水平的这一历史性问题，由此牵涉法律介入的有效性和必要性。当然在实践过程中，股东话语权的落实还是比较困难的。如Chingos Peter分析了股东话语权如何落实，他认为最有效的办法就是加强投票环节，将投票的时间点放在事前表决阶段，防止既成事实的

---

① 保罗·戴维斯.英国公司法精要［M］.樊云慧，译.北京：法律出版社，2007：238.

发生。也有学者存在反对意见，认为并无充足理由证明股东话语权对高管薪酬的控制，能够带给公司多大好处。而关于公司高管薪酬规制的法律介入问题，Roach等学者深入研究了美国各州法律是否该介入公司高管薪酬规制，认为法律介入与增强股东话语权的结合，可能会产生更好的效果，但还不能彻底解决公司高管薪酬的规制问题。Santalo等学者认为公司高管薪酬问题不应采用法律介入的模式，应遵循市场条件规律，通过市场调节公司高管薪酬，而不是法律的直接干预①。

第二是关于企业高管薪酬信息如何披露的问题。国外有不少学者对这方面进行了相关的研究。Thatcher Laura G在研究中指出，公司高管薪酬信息披露能够起到的作用如下：首先是帮助股东节约了信息获取的相关成本，其次是调动起相关机构投资者进入公司治理流程的积极性，此外还能给薪酬委员会、董事会接受股东的监督创造良好条件，使薪酬政策变得更加合理有效，最后是提高了薪酬委员会对薪酬政策进行制定的合理性，能够通过薪酬信息披露对高管的薪酬情况进行更深入的了解。Varkkey Biju等学者指出，在高管薪酬披露方面的披露制度非常重要，应明确信息披露方式和载体，如果方式和载体不统一，则会造成信息披露的混乱局面出现，使人们很难对真相进行充分了解。另有学者对英美各国的薪酬披露制度进行比较研究，发现西方各国的薪酬披露方式存在一定差异。

第三是关于公司高管薪酬追回制度的相关问题。2002年，美国国会制定了《公众公司会计改革和投资者保护法案》，首次以法案形式确立了高管薪酬追回制度。其中"没收奖金及收益"规定：若发行证券公司因存在与证券法规定实质性不符的行为而被要求重编会计报表，则公司首席执行官与首席财务主管应将12个月内从公司收到的所有奖金、红利或其他奖金性或权益性酬金收益、因买卖公司证券而获得的收益返还公司。而后又陆续出台《紧急经济稳定法》《美国复苏和再投资法案》，用以应对金融危机期间的经济问题，这些法案对薪酬追回的实质问题作出相关规定，即

---

① Santalo Juan Kock Carl Joachim.Division Director Versus CEO Compensation: New Insights Into the Determinants of Executive Pay［J］. Journal of Managemen, 2009，35（4）：1047-1077.

高管薪酬支付的标准如存在实质性错误，则公司必须追回相关薪酬。在以上法律奠定高管薪酬追回制度的基础上，SEC（Vnited States Securities and Exchange Commission）于2015年7月发布了《薪酬追回的上市标准（征求意见稿）》，进一步明确了所有上市公司均必须制定薪酬追回制度，如不制定，则要面临不允许上市或被强制退市的风险，并对追回对象、追回触发时间、追溯时间和追回薪酬范围等问题进行明确界定。薪酬追回中或遇到的追回成本问题，该意见稿也给出了明确规定。如果追回成本高于被追回的薪酬数额，追回行为可能触犯到其他法律，则可以由董事会做出不追回处理，并由薪酬委员会作出决议。除颁布系列法案和规范外，国外有些学者也对公司高管薪酬的追回规则以及相应的制度进行了研究。例如Jennifer等学者对美国的公司高管薪酬追回制度进行了理论分析，并根据相关的实际依据探讨了薪酬追回制度的一些细节，认为美国的公司高管薪酬追回制度还需要进一步改善。Kym Sheehan研究了美国公司高管薪酬追回制度的合理性，认为根据美国证交所规定，公司高管薪酬追回制度应具备一定的监管措施，以提高高管薪酬追回的效率。

第四是关于公司高管薪酬方面的司法介入研究。有美国学者根据近100年来关于公司高管薪酬的诉讼案例，探索司法介入的原因，发现大多数的诉讼都是因为内控机制和监督程序缺失而引发的，属于一种事后补充救济的方式。国外已经形成了关于审查高管薪酬正当性的标准，有利于司法及时介入。部分学者认为关于公司高管薪酬方面的司法介入，法律所起到的力度和作用依然有限，应形成一定的程序化模式。司法究竟该不该介入高管薪酬，许多学者依然存在不同观点。

第五是关于公司高管薪酬研究的比较方法。这在国外学术界较为常见，因为比较方法能够更深入而确切地得出高管薪酬问题的根源。有学者探讨了加拿大公司在不同历史时期关于高管薪酬的监管法律，包括薪酬决定权的法律规定、薪酬信息披露的作用等，这是一种时间点上的纵向比较。还有学者对法国公司的高管薪酬法律规制问题进行了比较研究，认为法国公司高管薪酬治理，需要根据不同领域的制度进行，这是一种制度层面的横向比较。另有学者细致分析了瑞典公司的高管薪酬法律监督架构，认为不同的法律所起到的作用不同，如果把高管薪酬信息披露看作是一种救济方式，则有失妥当，这是一种法律层面的横向比较。此外，美国有学者分析比较了美国公司高管薪酬的监管措施，发现监管措施越有针对性，起到的作用就越大，能够起到一定的威慑作用，这是一种监管层面的横向比较。美国还有学者横向比较了各公司高管的最优薪酬标准制定，发现有不少公司忽略这种标准，绝大多数公司都超过了这种标准。有学者分析了英美两国在国际金融危机发生之后，他们的公司对高管薪酬监督方面的反应措施，发现在经济危机之后，革新举措变得越来越多。另有学者分析了欧洲诸国关于高管薪酬的法律规制措施，其中德国和西班牙对于司法介入问题非常谨慎，而法国和英国的司法介入则比较普遍。美国有学者搬出了美国模式的高管薪酬监督，认为这种模式适合在全世界推广，美国在这方面有着最为丰富的经验，当然这要经过系统研究，相关结论有待商榷。

2.国内关于公司高管薪酬法律规制的研究状况

从国内的相关研究状况来看，关于公司高管薪酬法制的研究一般被划分到管理学或者经济学等领域，并有不少文献和译作。法律界学者通常会认为公司高管薪酬法律规制是规范公司高管薪酬问题的一种必要措施，而且起到的效果也较好。当下出现高管薪酬畸高或不公正现象，靠市场自治已不能达到规范效果，需要法律加以介入。

第一是如何理解公司高管薪酬规制的一些基本原理。杨继东教授的《高管薪酬影响因素研究：理论与证据》一书对比分析了采用法律规制公司高管薪酬的可行性以及必要性，得出反对的结论。他对比分析了国内公司和美国公司关于高管薪酬法律规制的一些做法，认为信息披露机制的引入非常重要，这有利于国内公司高管薪酬的透明化管理。但有不少学者在这方面持赞成态度。如冉春芳教授基于公司法立场，全面分析了国内公司高管薪酬法律规制的一些问题，认为法律介入是决定高管薪酬制度化的一个关键因素，应采取更合适的立法模式，使高管薪酬法律规制有更多的法律可依，形成具有中国特色的高管薪酬法律规制流程。其还建议我国公司治理结构应进一步改善，能够有效分配公司的控制权，不断改进相关的激励机制等①。罗培新教授认为我国的公司高管薪酬制度，一方面是推动国内资本市场前进的一大动力，另一方面也受到了国际金融危机的诱发②。著名经济学家朱羿锟教授以公司高管薪酬规制为切入点，深入分析了公司高管自行决定薪酬金额的不良后果，认为高管薪酬的确定，还是要体现出公司的价值，如业绩等，而不是一厢情愿，公平性非常重要，相关监督程序也要做到透明，从而使公司高管薪酬更加具备公信力和说服力③。为此，其提出了三点改进措施：首先相关部门要对高管薪酬信息披露机制进行完善，强化股东与公众在监督方面的执行力；其次要建立起冲突管理机制，防止高管与股东或公众之间因为薪酬问题而产生冲突；最后要充分落实市场监督制度。李建伟教授对比分析了美国关于这方面的规制经验，认为公司高管薪酬治理的重点是如何建立起薪酬和业绩的关联，通过董事会进行多方权益的制衡，这些都是事关我国公司高管薪酬问题解决的核心点。其认为我国公司高管薪酬过高，有可能引起社会公平正义的问题④。国内的公司高管薪酬问题受关注时间并不长，很多方面还有待改进。许丹学者对英美两国的公司高管薪酬规制机制的发展情况进行了考察，认为2008年是一个分水岭，国际金融危机的爆发将公司高管薪酬问题推到了风口浪尖，关于公司高管薪酬规制的呼声日益升高，并引起了这些国家政府的关注⑤。这之后，有不少西方国家利用立法的模式，增强了薪酬委员会在制定公司高管薪酬过程中的独立性，以更好地化解危机。但与西方国家不同的是，我国公司的股权是非常集中的，而不像西方国家那样分散在小股东手中，我国的机构持股现象非常严重，这进一步增加了股东监督公司高管薪酬的难度，还有待完善，使司法监督得到明确的规定。

---

① 冉春芳. 高管权力、能力与高管超额薪酬研究 [M]. 成都：西南财经大学出版社，2016：67.

② 罗培新. 公司法的合同解释 [M]. 北京：北京大学出版社，2004：59.

③ 朱羿锟，等. 高管薪酬：激励与控制 [M]. 北京：法律出版社，2014：133.

④ 李建伟. 公司制度、公司治理与公司管理——法律在公司管理中的地位与作用 [M]. 北京：人民法院出版社，2005：210.

⑤ 许丹. 高管薪酬激励是否发挥了既定效用——基于盈余管理权衡视角的经验证据 [J]. 现代财经（天津财经大学学报），2016（3）：73-89.

第二是关于公司高管薪酬制度的问题研究。国内学者对于这方面的研究，主要集中在各种相关制度的具体开展方面。有学者认为国内的公司高管薪酬制度应学习西方国家的经验做法，突出制度的正当性，完善制度的监督体系，形成以立法机关为主导、以证券监管部门为辅的监督架构，使公司高管薪酬制定与公司的业绩息息相关[①]。有学者认为需要有效引入代理理论，增强股东的投票权，使投票结果能够影响到公司高管薪酬制定的过程[②]。还有学者认为公司高管薪酬制度应具有公众监督权，能够接受民众的监督[③]。另有学者讨论了公司高管所应负的社会责任问题，认为要以社会标准去衡量公司高管的薪酬问题，公司高管是否真正对社会做出了贡献、做出了多大的贡献，这些都可能影响高管薪酬的确定[④]。

第三是关于高管薪酬行政干预的问题。翟爱梅教授认为，我国公司高管薪酬问题可以形成一定的行政干预，政府对高管薪酬的干预主要是因为我国当前的公司治理制度并不合理，政府干预则能提高公司治理的合理性。她还认为，政府的行政干预能够给公司高管薪酬规制形成较大的社会压力，这对于高管薪酬的规范至关重要。其认为我国公司高管的股权激励还有很长一段路要走，通过行政干预方式规制公司高管薪酬，仅仅是临时的一种做法，最终还是要回归市场规律，当国内公司治理得到完善的时候，公司高管薪酬问题自然能迎刃而解[⑤]。

第四是关于公司高管薪酬司法介入的问题。任广乾教授对比研究了美国和澳大利亚两国关于公司高管司法介入的相关法律制度，认为美国公司审查薪酬正当性会根据三个标准进行：一是高管是否浪费了公司的财产，

---

① 喻微锋，陈志建.中国上市银行高管薪酬合理吗？——基于双边随机边界模型的实证研究 [J].金融发展研究，2017（6）：18-25.

② 张长征，高灼琴，王硕.新—老CEO自主权的薪酬操纵效应比较研究——来自中国制造业上市公司的经验证据 [J].工业工程与管理，2016（2）：119-131.

③ 黄再胜.高管薪酬决定的调整:锚定效应理论透视 [J].广东财经大学学报，2016（1）：83-95.

④ 李东升，余振红，连军.高管超额薪酬与企业绩效的非线性异质关系检验 [J].财会月刊，2018（8）：89-98.

⑤ 翟爱梅，张舒然.高管权力与激励薪酬操纵研究 [J].中山大学学报（社会科学版），2013（5）：195-208.

二是高管是否违反了忠实的义务，三是公司高管是否违反了注意义务。美国法律对于公司高管薪酬规制相对宽容，而澳大利亚则是管制型的，即澳大利亚法律对公司高管薪酬规制更加的严格。任广乾教授认为我国高管薪酬的司法介入可以充分借鉴国外经验，尝试采用混合式的司法介入模式①。罗昆教授等认为国内公司的治理结构处在一个失衡的状态，司法介入有时候是公司高管薪酬规制的一项不得已措施②。我国有学者认为国内的公司高管薪酬的合理性判断并不清晰，需要具备一定的参照体系，才能更加准确地判断公司高管薪酬是否合理③。孙林等分析了公司高管薪酬面临诉讼的相关风险，尤其是高管持股情况若出现违规，很可能会被起诉④。

第五是关于日本和德国的薪酬制度经验借鉴问题。我国不少学者认为，西方国家譬如美国和英国等海洋法系国家的经验做法并不一定适合我国，因为我国属于大陆法系国家，而同样属于大陆法系国家的日本和德国，他们的经验有更大的借鉴意义。李晓创教授等研究了德国公司的高管薪酬问题，认为德国关于公司高管薪酬的法律规制措施，有很大的借鉴价值⑤。葛家澍教授等认为，国内公司高管薪酬规制经常面临失控的局面，而德国在这方面的做法值得借鉴，德国是以监事会为中心规制高管薪酬，有具体的信息透明度规定，还特别提到董事会的注意义务，需要对公司高管薪酬的合理性进行有效提醒，这些做法都值得我国公司学习⑥。祁怀锦教授等分析了日本公司高管薪酬规制情况，发现日本高管的薪酬水准和普通员

① 任广乾. 国有企业高管超额薪酬的实现路径及其约束机制研究［J］. 西南大学学报（社会科学版），2017（2）：65-73.

② 罗昆，杨蓉. 同业参照比运气和才能更重要吗——高管薪酬影响因素的探索性研究［J］. 南方经济，2015（12）：71-89.

③ 朱羿锟. 论企业高管薪酬包容性增长机制［J］. 法学评论，2014（3）：67-76.

④ 孙林，李维安. 高管薪酬-业绩倒挂与薪酬调整决策——基于薪酬正当性维护视角的分析与检验［J］. 财贸研究，2016（2）：137-146.

⑤ 李晓创，高文书. 高管薪酬影响因素的实证分析——兼论资本密集度的薪酬效应［J］. 云南财经大学学报，2013（2）：96-105.

⑥ 葛家澍，田志刚. 上市公司高管薪酬强制性披露研究［J］. 厦门大学学报（哲学社会科学版），2012（3）：34-41.

工的差距较小，这在西方国家是不多见的，可能与日本企业管理理念的特殊性相关[①]。

第六是关于董事行为探索问题。对于公司高管的薪酬问题解决，无论是国内还是国外都面临着一定难度。我国有学者认为，在决定高管薪酬的整个过程里面，董事的互相庇护现象较为严重，这主要是一种人性问题，由于董事会主席基本上由公司高管担任，避害趋利的人之天性导致董事行为失常[②]。国内的这种现象如果不加以制约，则公司高管的薪酬问题将更加难以得到解决。我国著名经济学家朱羿锟教授认为控制和激励公司高管薪酬是非常有必要的，而相关的监督措施必须要落实到位，其中就包括对董事行为的监督、董事行为的正常化，这决定了公司高管薪酬问题监督的正常化[③]。而由于董事在企业中所处的特殊地位，其可能利用手中职权自定薪酬，且无法得到有效监管，这需要引起注意。

第七是关于国有上市公司高管薪酬规制的问题。国企改革是我国经济改革的重要组成部分，国有上市公司是国企改革的最后一步，是国企走向资本市场的关键点。邱茜在她的博士论文中认为，国有上市公司面临着高管薪酬规制不完善的问题，有可能会引起高管行为的非正常化。她以2009—2010年的国有企业上市数据作为研究样本，深入分析了国有上市公司的高管薪酬规制现状，并提出相关的改进措施，包括中长期的股权激励、规范高管的在职消费行为等[④]。黄玉龙认为，国有企业的高管薪酬容易偏高，并且远超过市场标准，这与国有企业还未彻底市场化有关，官方的意味比较浓烈。国有上市公司还应充分引进市场机制，使国有上市公司高管薪酬能够跟公司的业绩密切挂钩，推动国有上市公司高管薪酬规制的法

---

① 祁怀锦，邹燕.高管薪酬外部公平性对代理人行为激励效应的实证研究［J］.会计研究，2014（3）：26-32.

② 朱羿锟.论企业高管薪酬包容性增长机制［J］.法学评论，2014（3）：67-76.

③ 朱羿锟等.高管薪酬：激励与控制［M］.北京：法律出版社，2014：103-105.

④ 邱茜.中国上市公司高管薪酬激励研究［D］.青岛：山东大学，2011：65-67.

律化、市场化和公开化。①钟芳瑾教授对此观点表示赞同，她认为国有上市公司高管薪酬的规制必须要走法制化这条路。张弛教授则提出了国有上市公司高管薪酬的监督机制规范，认为监督机制的引入，有助于国有上市公司高管薪酬规制达到一定的规范化标准，并逐渐向市场化靠拢②。步丹璐等人则对国有上市公司高管薪酬规制做了初步探讨，认为国有上市公司的并购现象经常发生，这可能会影响到高管薪酬与业绩之间的敏感性③。

四、研究思路

本书虽然介绍了美国和英国等海洋法系国家对公司高管薪酬规制的经验启示，但我国作为大陆法系国家，还应考量同类型法系国家的做法，如德国、日本等。国内公司的高管薪酬应通过董事会与股东大会的共同商酌，还可适当引进政府行政的力量，使国企高管薪酬变得更加合理。本书以国企为研究对象，国企高管薪酬法律规制有四个关键点，首先是薪酬决定权，其次是薪酬制定标准，再次是信息披露，最后是司法介入。基于这样的思路，本书以薪酬决定权、薪酬制定标准、信息披露、司法介入为四个切入点，通过对国外现有规制路径的选择性对比与借鉴，结合国内国企高管薪酬的实际情况，分析其存在的法律问题，并提出相关对策，以提高国企高管薪酬法律规制的水平，从而在薪酬分配问题上做到效率优先，兼顾公平。

---

① 黄玉龙.股权结构对高管薪酬契约实施效率影响的实证研究［D］.长沙：中南大学，2014：110-111.

② 张弛.竞争性行业中的国企高管薪酬制度应坚持市场化原则［J］.政治经济学评论，2015（1）：141-156.

③ 步丹璐，黄旭兰，李华.企业并购影响高管薪酬业绩敏感性吗？——基于中国国有上市公司的实证分析［J］.中国注册会计师，2012（11）：66-72.

五、研究方法

（一）多学科综合分析法

此次研究涉及的学科比较多，例如经济学和管理学是主要的学科，另外还有法学、社会学等。我国的法学研究起步要晚一些，但也有一些研究成果值得借鉴。本书希望能够综合多学科，本着溯源的精神，尽量使各学科的分析达到均衡，从而对国企高管薪酬法律规制问题有更深入的理解，提出的相关措施也更趋于合理。

（二）比较分析法

本书的比较分析分为纵向比较和横向比较，包括中国与外国的比较，外国与外国的比较，不同历史时期的做法比较，不同阶段的理论发展成效比较，不同阶段的实践经验比较，等等，以找到相同点和不同点，形成更多的经验借鉴，从而增强本书的理论性和实践性。

（三）历史回顾法

历史发展，属于一个动态过程，历史总是不断发展的，而我国的公司治理也处在不断发展中，新的历史时期赋予了国企高管薪酬法律规制新的内涵。通过历史回顾法，能够理清国企高管薪酬问题的来龙去脉，进而分析它的规制方向以及所采取的法律制度等，使本书的研究具有一定的历史深度。

（四）法律和经济分析法

法律和经济总是相依相存，对于本书的研究来说，国企高管薪酬法律规制既是一个法律问题，同时也是一个经济领域的问题。通过法律和经济分析法，能够了解其双刃关系和利害所在，掌握关于这方面的新型代理问题，最终明确国企高管薪酬法律规制的目标和做法。同时从文献综述的梳理上，本书也整理出经济学和法学的相关文件进行系统研究。

六、结构及创新点

（一）结构

国企高管薪酬制度的落实，主要是为公司降低代理成本，解决难度较高的代理问题。国企高管薪酬制度能够促进股东和经理人的契约正常化，使高管薪酬趋向于合理化。法律规制的重点在于如何确定薪酬决定权、薪酬标准怎么制定，如何完善信息披露制度、如何推动司法介入，这几个部分存在一定的问题，需要提出改进措施。围绕这样的思路，本书的结构安排如下。

第一部分为"绪论"，主要在我国国企改革的背景下提出国企高管薪酬法律相关问题，以国有企业为研究主体，充分考虑到国企高管薪酬法律规制的现实性要求，论述了本书的研究意义，并对国内外研究现状进行了阐述，形成文献综述，包括高管薪酬的合理性研究和法律规制研究等现状，同时介绍了研究方法、结构及创新点。

第二部分为"国企高管薪酬法律问题的基础理论"，本章主要界定了国企高管、国企高管薪酬及国企高管薪酬法律规制的概念，国企高管是一个具有中国特色的概念，但本质是从西方国家的公司高管这一概念引出的，国企高管薪酬同样如此。此外还分析了国企高管薪酬法律规制的相关理论，包括国企高管薪酬法律规制的动因、正当性、价值与目标、法律干预等相关理论。同时还介绍了国企高管薪酬在中国的发展历程。从整体来看，我国公司治理的董事独立性不足，国企的运营对管理层的依赖性很强，而其高管通常会借助股权激励方式得到高薪，或者自行定薪，从而导致薪酬激励机制产生异化，出现负激励。这是国企高管薪酬法律规制的一个主要动因。国企高管薪酬法律规制必须要体现出一定的正当性，有明确的价值与目标，才能进行更加合理的法律干预。

第三部分为"国企高管薪酬决定权分配的法律问题"，本章首先以公司法为基础，对国企高管薪酬决定权的主体进行明确，指出国企有别于其他公司的特别之处，也同时剖析了国外的决定主体。主体确定后，本书主要对保证决策权的决策机制进行了分析，进而提出了我国国企高管薪酬决定权分配的两个重点问题，第一个是法律赋予股东的话语权问题，第二个是法律框架下薪酬委员会的独立性问题。国企高管薪酬属于日常经营中的一项管理事务，应在董事会的引导下强化股东的话语权，使国企高管薪酬决定处在股东的监督之下，同时还要注意法律框架下薪酬委员会的独立性问题。其次介绍了国外对企业高管薪酬决定权分配的实践启示，包括英国、美国、德国、日本公司法的干预现状。最后提出我国国企高管薪酬决定权分配的法律规制对策，包括国企高管薪酬决定权的立法现状及权力分配、国企高管薪酬决定权的评价及完善。

第四部分为"国企高管薪酬标准及设计问题"，本章主要分析了国企高管薪酬标准设计的相关理论，提出薪酬标准参照点问题，对国企高管薪酬标准进行假设，并通过实证研究得出结果。高管薪酬标准一直是国内外学界讨论的问题，如何衡量企业高管薪酬成为诸多学者的讨论对象。企业高管薪酬标准主要是找一个参照点，即通过横向比较，判断企业高管薪酬是否超出市场预期，是否符合企业的发展规模和效应。参照点主要分为外部参照点、内部参照点、个人参照点，通过这些参照点的影响分析，分别检验提出的假设。最后给出国企高管薪酬标准的原则性建议和薪酬标准设计流程，并介绍了国企高管薪酬标准确定后的控制体系。

第五部分为"国企高管薪酬信息披露的法律规制问题"，本章首先分析了我国国企高管薪酬信息披露的立法和优先权问题。从立法方面看，信息披露有助于信息对称，使国企高管薪酬接受更多的监督，为解决相关问题提供借鉴，提高法律规制的力度。从优先权来看，信息披露应在诸多权利中具备一定的优先性。随后介绍了国外关于企业高管薪酬信息披露的启示，包括美国关于企业高管薪酬信息披露的启示、其他国家关于企业高管薪酬信息披露的启示。美国对公司高管薪酬信息披露的要求较为苛刻，以增强事后监督的可靠性。美国公司的高管薪酬信息披露主要是表格披露，其次是叙述性披露。欧盟国家对高管薪酬信息披露的要求从简单发展成严格，处在不断完善之中。最后提出我国国企高管薪酬信息披露的法律规制对策。

第六部分为"我国国企高管薪酬不当的司法介入问题"，本章首先分析了我国国企高管薪酬司法介入的常见问题，包括国企高管薪酬及相关主体的确定问题、不当高管薪酬对公司及中小股东利益损害问题、司法审查的程序公正性问题，然后分析了我国国企高管薪酬司法介入的必要性。从国外关于企业高管薪酬司法介入的经验启示看，美国关于高管薪酬的司法介入实践与其他国家有所不同，强调正当性审查方面的三大标准，并且严格遵循商事判断原则。西方国家还有一种新的司法介入途径：薪酬取回权制度。国外关于企业高管薪酬司法介入经验值得我国国企借鉴，有助于完善规制的制定。本章最后提出我国国企高管薪酬的司法介入对策，包括我国国企高管薪酬的司法介入基础，国际通用的三大标准、商事判断规则与薪酬合理性，我国国企高管薪酬司法介入存在的问题，我国国企高管薪酬合理性判断司法介入措施。

第七部分为"结论"，本章总结了全书的研究成果，指出国企高管薪酬问题之所以会产生，有着较多的内外部因素，而且解决也比较困难。文章按照总分结构的统一脉络，基础理论项下提出高管薪酬存在的四个问题，从决定权到薪酬标准设计，再到信息披露制度，之后是司法介入问题。国企高管薪酬决定权的确定、标准的确立以及信息披露制度的严格执行，有助于国企高管薪酬趋于合理化。以这三点为基础，司法介入才能取得更大的成效，进而能够更好地解决国企高管薪酬问题。

（二）创新点

创新点一：本书在研究对象的选择上有一定的现实意义。国内的众多研究中，大多数是针对上市公司或一般的企业，本书从我国具有鲜明特点的国有企业着手，除普适性问题之外，涉及国有资产、薪酬追回，还有一些行政干预色彩的鲜明问题，本书都给予一一解答。

创新点二：本书的研究脉络采取总分的结构，除基础理论外，较为全面地从薪酬决定权、薪酬设计、薪酬的信息披露、司法介入四个角度开展介绍。在薪酬标准及设计上，跨学科引入经济学的一些理论开展研究，更有利于国企高管薪酬的薪酬制度研究。本书还侧重介绍了信息披露制度，国企高管薪酬的组成中的有固定薪酬、绩效薪酬、股权激励政策等。

创新点三：本采用综合分析法，不仅介绍了美国和英国等海洋法系国家对高管薪酬规制的先进经验，还分析了大陆法系国家如德国、日本的经验，认为我国高管薪酬可以参考各法系的优点，再结合我国国企改革，形成全方位的规制方法。

第一章 国企高管薪酬法律规制问题的基础理论

第一节 国企高管薪酬及薪酬法律规制概念界定

国有企业是指国家对其资本拥有所有权或者控制权，政府的意志和利益决定了国有企业的行为。因国家是一个抽象的概念，全体人民是国有企业的主要所有者，但同时全体人民范围过于宽泛且无法实现真正的管理，故委托国家机关国资委代表国家和人民去行使出资人的职责。在实际的经济生活中，国有企业掌握着国家经济的命脉，行业涵盖石油、化工、机械、电子、铁路等多个重要领域。出于经济重要性和典型性本书把国有企业作为主要研究对象，其是一种特殊的企业，它的资本出资由国家占据主导地位，既肩负着经济职能，走市场化运作的道路，又受到监管模式、特殊属性、体制、经营特点等要素的影响，承担必要的社会责任，国有企业的特殊性和社会影响，决定了它的内部治理问题要受到法律的必然约束，借助法律手段维护国家的资产、健全国有经济、完善国有企业监管。

一、国企高管及高管薪酬的概念界定

（一）高管及国企高管的概念界定

1.高管的概念界定

在美国、英国等海洋法系国家的公司治理中，高管这一概念主要指的是该公司CEO（Chief Executive Officer，首席执行官）一职；而在大陆法系国家则有所不同，如中国、日本、德国等，公司高管除CEO之外，还有

公司的董事、监事等。对于现代公司来说，在管理方面还是比较复杂的，只依靠以上所列的高级管理人员尚不能完全胜任及囊括，所以在特定情况下，大陆法系国家还会将技术总监、财务总管等列入高管范畴。

追溯高管这一概念的来源，学者们基本认为它是管理学中的一个特有名词，并具备现代企业的制度色彩。但纵观国内外学界，关于高管的概念界定还未完全统一。根据西方国家的管理学文献，CEO属于公司高管的一个专有名词[①]。CEO在美国、英国的公司中，有着极大的决策作用，但也有学者提出，董事长的权力高于CEO，所以董事长也应被列入高管。总的来说，英美等西方国家的高管概念还是具备较大的弹性，甚至有学者提出，高管应该包括所有高级管理人员[②]。这一提法与大陆法系国家学者的观点比较接近。

站在公司法立场每一个国家的公司法规定都不尽相同。例如美国的公司法对高管的法定解释如下：公司高管是公司的高级职员，需要根据公司的详细章程进行任命[③]。而根据德国的公司法，则将董事和监事列入高管范围。中国的公司法将高管规定为公司的高级管理人员，包括总经理、副总经理、财务主管及相关高级人员等。高管的多元化概念界定，与各国的历史文化背景、社会发展进程、法律文化、企业所有制等因素息息相关。以美国为例，该国各个州都有自身的公司法，在早期，美国公司的核心为董事会，但在资本市场高速发展之后，美国经济最重要的力量是上市公司，所以证监会参与公司治理也比较普遍[④]。由于美国上市公司的股权越来越分散，为了使经营管理权更为集中，美国公司的董事长一般由CEO兼任，所以公司董事会的权力逐渐被CEO所取代，早先的管理核心转向CEO，因此

① 张蕊，廖佳，王洋洋.关键下属高管-CEO薪酬差距与公司业绩及其波动性——来自中国证券市场的经验证据［J］.证券市场导报，2018（9）：11-21.

② 乔治·米尔科维奇，杰里·纽曼.薪酬管理［M］.董克用，译.北京：中国人民大学出版社，2002：111-114.

③ 黎文靖，岑永嗣，胡玉明.外部薪酬差距激励了高管吗——基于中国上市公司经理人市场与产权性质的经验研究［J］.南开管理评论，2014（4）：24-35.

④ 莱纳·克拉克曼，保罗·戴维斯，等.公司法剖析:比较与功能的视角［M］.刘俊海，徐海燕，等译.北京：北京大学出版社，2007：332-336.

在美国最为普遍的观点就是CEO即公司高管。事实证明，美国公司的CEO权力越来越大，董事会更像是一个合作伙伴[①]。

德国和日本的高管定义又有所不同。德国公司的董事会权力最大，其次是监事会，他们的权力高于总经理，所以其成员被看作是高管阶层，而经理则被排除在外。但日本公司则将总经理、副总经理均列入高管范畴。德国公司的董事会和监事会权力相互制约，公司正常经营由董事会负责管理，而董事任命与解雇等则由监事会负责。站在薪酬待遇立场，德国公司的董事薪酬要高于监事，所以德国公司法对董事薪酬的规制条例比较多，针对性也比较强[②]。而在日本，董事会的作用更加突出，而且数量庞大，监事会则主要起监督作用[③]。由此可见，每一个国家的公司治理方式有所不同，高管范围的差异性也比较大，但有一点可以肯定的是，高管在公司的经营中往往能够起到决定性的作用，例如美国公司的CEO，德国和日本的董事等。

2.国企高管的界定

国企高管通常指的是国有企业中的高级管理人员。在我国的国有企业中，国企高管除了董事长、总经理、财务主管等高级管理人员之外，还有党委书记和纪委书记等部门负责人。我国公司法既受海洋法系国家影响，也受大陆法系国家影响，如总经理、财务主管等高管是受美国和英国的法律影响，而董事决策权被忽略。此外，我国公司治理中存在监事会，这受到德国、日本的法律影响，但监事的权力实际也不大，可以看作是名义上的高管。在我国，国有企业是公有制企业，有一定的组织机制，并且行政色彩浓郁。国企中的董事长往往权力最大，其次才是总经理，在国企中属于实权派。监事尽管也可能被列入高管队伍，或者拿着高薪，但权力不

① 伯利，米恩斯.现代公司与私有财产[M].甘华鸣，等，译.上海：商务印书馆，2005：166-168.

② 托马斯·莱赛尔，吕迪格，法伊尔.德国资合公司法[M].高旭军，等，译.北京：法律出版社，2005：368-372.

③ 青木昌彦，钱颖一.转轨经济中的公司治理结构:内部人控制和银行的作用[M].北京：中国经济出版社，1995：245-249.

大，尤其实权方面更小。而党委书记也是国企高管中的一个特殊成员，相对而言，国企的党委书记，有不少是由董事长兼任的，即使有专职党委书记，其高管身份也毋庸置疑。此外，纪委书记也是名副其实的高管人员，纪委书记掌握着监督权力，属于实权派，他们有拿高薪的权利，所以高管身份同样毋庸置疑。

根据我国的公司法，要求公司设置董事会和监事会，但实际上监事会的权力过小，有时候甚至是一种摆设。按照公司法规定，国企高管应该是能够控制和决策并能够决定公司发展前途的。所以国企高管还要拥有较强的决策方面的权力，在国企发展过程中发挥出关键的作用。对于国企来说，高管是企业管理层的核心成员，把控着企业的全局，他们不仅要对企业负责，还要对股东大会负责。国企的发展与经营策略方案，还有未来的发展战略，总体是由高管负责，同时高管还有向员工和股东解释政策的权力、人事任命的权力等。鉴于国企的经营管理，财务主管、技术总监等关键人员，也经常被国企列入高管范畴。国企高管的一大特点就是能够得到高薪，一般都是年薪制，所以除了以上高管人员之外，其他人员通常不会被列入高管范畴。

（二）高管薪酬及国企高管薪酬的概念界定

1.高管薪酬的概念界定

高管薪酬通常是指公司高管能够得到的报酬，包括工资、奖金、福利、股权激励等[①]。整体来看，高管薪酬属于一个组合型的概念，其收益主要由基本工资、绩效工资、中期激励、长期激励等组成。精神性收益也属于激励方式，但一般不会被列入薪酬激励中。有学者提出薪酬涵盖了物质收益与精神收益，根据各国公司法对高管薪酬的规制情况来看，通常指的是物质收益，尤其指的是以价格对等式的金钱和其他经济性利益[②]。价格对等式的金钱是以市场价格指数作为衡量标准的薪酬工资、退休工资以及

---

① 薛胜昔，李培功.地理位置与公司高管薪酬——来自中国上市公司的经验证据［J］.中央财经大学学报，2017（1）：87-95.

② 罗昆，范琼琼.产权性质、参照点效应与高管薪酬增长［J］.人文杂志，2016（12）：23-31.

死亡抚恤金等，而其他经济利益则有住房公积金、股权激励、股票激励，等等。汤建洋等人认为公司高管薪酬除了基本工资、奖金、股票的期权之外，还有虚拟股票等相关的薪酬方式[①]。但无论哪种解释，通常都只指物质收益，而不是精神收益。从这一点来看，物质收益是一种通用的、被绝大多数学者所认可的能够代表薪酬的模式。

站在公司法立场，还需分清法律意义的薪酬与管理学意义的薪酬，以此设计法律制度来进一步规范和界定高管薪酬。此外，高管薪酬与基层员工的薪酬有较大的区别。首先，高管薪酬跟公司法意义层面的公司治理息息相关，而基层员工薪酬更多的是跟管理学意义层面的公司治理息息相关。在高管薪酬方面，长期激励型的、非现金型的薪酬占了较大部分，而员工薪酬则主要是现金薪酬。在美国，关于高管薪酬的界定，SEC提出了高管薪酬的整体构成，包含现金工资、奖金、退休金，还包含股票和期权及其他类型的薪酬。他们规定了其他类型薪酬的说明，例如税款方面的大额补贴、职务方面的大额津贴等，这个大额一般指超过10000美元的额度。美国还规定了高管和公司之间在服务方面的一些利益情况，尽量降低双方的利益输送，减少高管薪酬的影响因素。美国的高管薪酬同样指的是物质收益，而他们的激励机制核心在于股权。如今，股权激励是美国公司高管薪酬的一种主要表现方式，并在全世界开始普及。

2.国企高管薪酬的概念界定

国企高管薪酬指的是国有企业高管在工作过程中所获取的薪酬。国企高管薪酬形成初期继承了高管薪酬的相关构成，也有基本工资、奖金、绩效工资、福利收入、股票激励、股权激励等。其中他们的基本工资是保障基本生活，按照时间段固定获取，这部分的薪酬不太涉及企业的业绩。而奖金则跟企业的规模、企业在同行业中的水平以及具体岗位有关。绩效工资则完全是按照高管的业绩实施考核得出的一个薪酬额度。绩效工资的方式分为季度绩效、半年绩效、年绩效等，最长的为年绩效，相对来说都

---

① 汤建洋，黄东风.高管薪酬激励、内部薪酬差距与企业信息透明度——基于我国A股上市公司的实证研究 [J].南方金融，2019（1）：28-39.

属于短期激励的方式。股权激励也可以看作是绩效工资的一种，但它是中期或长期激励的方式，通常不在当年发放，而是好几年甚至更长时间才发放。按照代理理论，如果委托代理的双方存在不一样的效用函数，则代理人的工作变数很大，不一定会全力为委托人工作，还可能不顾委托人利益进行私利的牟取。为使两者目标趋向一致，激励措施必不可少，尽管会使委托人成本提升，但也可能给自身带来更大的收益。

随着我国市场经济的快速发展和国企改革的深入，股权激励模式在越来越多的国企中开始使用，它既有激励的因素，也有约束的作用，彻底改变了我国国企高管原先以短期现金薪酬为主的薪酬结构。短期激励同样有激励的作用，但可能导致高管发生短期牟利行为，对于企业长期发展较为不利。从另外一个角度看，短期激励属于达成经营目标时就马上兑现的一种激励模式，并不会关联到公司潜在的中长期风险。而股权激励有所区别，虽然它也是根据是否达成经营目标兑现奖励，但股票期权或者是限制性股票，其价格都与公司业绩息息相关，所以业绩不好时，国企高管就不能获取预期的收益，有可能遭遇到重大的损失。在国企高管薪酬中，福利收入较为特殊，作为国营单位，有着很多民营单位所不具备或者难以比拟的福利。国企高管的福利收入通常指的是许多一次性的直接经济补贴，包括日常工作中的各种津贴，如交通津贴、住宿津贴、通信津贴，等等，另外也包含退休金。当然，福利收入也属于物质收益，符合高管薪酬的内涵。根据以上的论述，国企高管薪酬属于一个组合型的概念。构成里除了基本工资之外，还有"名堂"较多的福利收入和奖金，还有绩效工资、股票激励、股权激励等激励式的报酬等。其中基本工资很稳定，具备一定的竞争力，有助于留住人才。其他大部分的报酬则并不固定，如绩效工资跟国企的短期业绩相关，有利于激发高管的短期奋斗行为，而股权激励等长期激励方式，则跟国企的长期业绩相关，有利于高管与企业共进退，形成长期奋发的行为。福利收入、奖金、退休金等，也是留住人才、提高国企高管忠诚度和归属感的一种薪酬方式。

2015年发布的《关于深化中央管理企业负责人薪酬制度改革的意见》中对国企高管薪酬改革的基本原则和发放的组成部分做出了明确规定。基本原则主要为坚持物质激励与精神激励结合,强化负责人责任;完善监督管理体制,坚持政府监管与企业自律相结合;更为重要的是明确坚持国有企业高管薪酬的分类分级管理原则,也就是建立与企业功能、负责人选任方式相适配的分配方法。薪酬由基本年薪、绩效年薪、任期激励收入三部分构成,基本年薪即年度基本收入,绩效年薪是指与年度考核评价结果相联系的收入,以基本年薪为基数,根据年度考核评价结果结合绩效年薪调节系数确定。任期激励收入是指与任期考核评价结果相联系的收入。

3.国企高管薪酬制度的发展历程

国企高管薪酬制度自新中国成立以来经历了计划经济时期的政府定价、改革开放以来的物质激励实施阶段、现代企业制度下的多元薪酬结构初探及逐渐完善的基本薪酬、绩效薪酬、奖励薪酬等并举的发展阶段。

(1)计划经济时期的政府定价阶段

新中国成立以来,我国实行计划经济体制,1952年和1956年先后两次进行工资改革,也标志着我国计划工资制度的建立。在该时期,国企管理的特点是"政企不分":国企高管并不是现代公司意义上的"管理者",而是国家干部直接任命,企业管理者等同于政府官员,主要职责是保证企业员工完成国家计划经济的顺利实行,薪酬按照国家统一等级工资制定。高管与企业经营效益没有任何相关性,更多的激励手段体现在行政级别、晋升及荣誉上。这也是在此时期我国企业缺乏活力、经营效率不高的一个重要原因。

(2)改革开放时期的物质激励实施阶段

1978年改革开放以来,中国由计划经济向市场经济进发,国企改革正式开启。1978—1986年进行"放权让利"改革,在此阶段,企业逐渐掌握了部分剩余决策权和控制权,企业高管的收入开始和经营挂钩,一项重要的举措就是将利润的25%用作奖金激励,企业领导人的工资水平高于普通员工,但差距不大。1987—1992年实行承包责任制改革。承包责任制改革即指"包死基数、确保上交、超收多留、欠收自补",目的是更深入地让企业管理者享有剩余利润控制权,国家虽放松了对企业收入的内部控制,但对工资总额依旧进行控制,且全社会收入差距是改革开放时期的敏感问题，所以企业高管的薪酬结构单一、结构不合理、激发职务消费、绝对量偏低等现象突出。

（3）现代企业制度下的多元薪酬结构初探时期

1992年，社会主义市场经济进入全面发展时期，薪酬改革制度也继续推进。1999年发布的《中共中央关于国有企业改革和发展若干重大问题的决定》提出了年薪制和股权激励的薪酬多元化探索。年薪制的推行被看作是高管薪酬加速增长的起点，一般包括基本年薪和效益年薪，部分企业还包括奖励年薪。2003年《关于规范国有企业改制工作的意见》把年薪制作为国企的一个正式的制度开始实行，国企高管薪酬也与市场经济结合，出现股权激励、长短期激励等形式。值得注意的是，在该时期的多种激励政策下，企业内部的自我约束制度并没有得到充分发展和完善，导致了部分高管隐形收入的加剧。

（4）市场体制下组合薪酬发展时期

2003年以来，国家陆续出台了高管薪酬的一些法律政策性文件，这对推动高管薪酬制度的发展完善起到了一定的作用。2006年的《国有控股上市公司（境内）实施股权激励试行办法》，把高管薪酬由董事会独立决策，纳入制度框架中。这一时期，由于股权激励政策的施行，国有上市公司高管薪酬不断攀升。2009年发布了《关于进一步规范中央企业负责人薪酬管理的指导意见》，该项指导意见的发布，从薪酬结构适用范围、薪酬水平、基本原则和实施等方面对高管薪酬加以规范，明确规定高管薪酬分为基本薪酬、绩效薪酬及激励收益等。2015年《关于深化中央管理企业负责人薪酬制度改革的意见》将物质奖励和精神奖励相结合，进行差异化的薪酬分配方法，实行市场化薪酬分配机制，健全监管机制。2019年出台了《中央企业负责人经营业绩考核办法》，明确了对负责人考核坚持以市场为导向，构建年度考核与任期考核相结合，业绩考核与激励约束紧密结合的基本原则，并根据国有资本的战略定位和发展目标，明确对不同功能和类别的企业，突出不同考核重点，合理设置经营业绩考核指标及权重，确定差异化考核标准，实施分类考核。对处于充分竞争行业的企业，要以国有资产的保值增值为考核导向，加重对企业经济效益的考核力度，引导企业积极创造价值；对处于关涉国家安全、国家经济命脉领域的企业，坚持以服务国家战略为导向，合理保障国家安全和国民经济运行，在考核中适当降低经济效益指标的考核，要合理确定经济增加值指标的资本成本率；对公益性质的企业，其主要的导向为服务社会、促进和保障民生，提供公共产品和服务，所以对其考核要坚持社会效益和经济效益相结合，重点是社会效益的考核，具体考核办法可以引入第三方评价，要更为专业和公正地去实现考核评价，同时适当降低经济效益指标的考核权重，将其纳入年度和任期考核中；对于科技指标要求高的企业，重点突出企业自主创新能力，加强研发投入、科技成果产出和转化的考核，在计算企业经济效益时，要关注产出结果和投入指标；对于国际化企业，关注国际资源配置能力和企业国家化运作水平；对于环保类企业，侧重其综合能耗、污染物排放等生态环保指标考核等。自此，薪酬发展至今，已随着社会主义市场经济的发展及国企改革的不断推进有了市场竞争的烙印，其分类考核办法也对国企高管薪酬的挂钩指标给予一定的现实指导，但决定、激励、约束机制并未完全建立成熟。

（三）国企高管薪酬法律规制概念及规制边界

十九大报告提出"要完善各类国有资产管理体制，改革国有资本授权经营体制，加快国有经济布局优化、结构调整、战略性重组，促进国有资产保值增值，推动国有资本做强做优做大，有效防止国有资产流失"。国企高管薪酬法律规制的对象并不是薪酬水平，而是不能真实反映高管的贡献、与企业业绩脱钩，甚至是国有企业侵害企业利益、造成国有资产损失的不合理薪酬。在我国，许多学者认为薪酬的概念系经济学概念理论，可以根据公司章程制定，靠市场自身力量可以矫正并恢复其合理性。但是当前经济体制下，随着国企的不断深化改革，高管薪酬逐渐出现自定薪酬、自我交易、和业绩脱钩等现象，而这些现象的产生有一定的经济学基础，但又不能通过市场进行自治，故引入法律规制的概念至关重要。

在市场能发挥其正常机能的前提以及市场充分竞争的条件下，能同时满足雇佣双方的利益最大化的要求，市场均衡形成的薪酬水平是供需双方能同时接受的合理价格。但在现实的企业经营中，往往事与愿违，市场机能常常失灵，有些学者把薪酬的形成看作企业和高管之间的议价，在议价的过程中，就会有很多影响其发挥公平性的因素。譬如说，企业的经营权和所有权分立，其中受控于董事会的薪酬委员会在由高管组成的董事会的权力施压下而制定出薪酬发放标准，国家委派代理人在这种情况下批准的薪酬方案是不负责任的。国企高管的薪酬在市场机制下遭到了扭曲和影响，形成了不合理的薪酬。其损害利益主体的方式如操控股市、垄断市场等取得的虚假薪酬，国企高管利用自己的职权自定薪酬，自我交易，凭空制作企业年报，进行虚假业绩挂钩等。国企高管的特别之处在于我国国企高管除了其作为高管的身份外，还是出资人代表，具有"官方身份"，显然市场力量在这种特殊情形下导致规制失灵，此时就需要引入法律规制的举措。

高管薪酬相关问题法律规制，主要是通过法律制度来保障薪酬的合理性。国企高管市场治理的失灵主要在于信息的不对称性和外部性，强烈呼吁在法律框架下探讨市场的不对称性和国企的市场化程度进程不高等现实问题。国企中薪酬制定的主体对于影响高管薪酬的信息存在不对称性，薪酬披露不充分，对于高管违反信义义务、欺诈获得薪酬的道德风险不能有效防范。国有企业高管不合理的薪酬，一方面损害的是广大投资者的利益，另一方面侵害的是国家和集体的利益。Robert J.Grossman教授曾发表著名的针对借助法律手段干预的观点：如果企业没有得到政府的支持，尤其是财政的支持，它就有可能随便利用职权并按照自己的想法支付高管的薪酬，这种行为应该受到法律的制裁。综上所述，引入法律规制的概念和举措至关重要。现实中的国企高管薪酬需要市场这只无形的手和法律这只有形的手加以自治和规制。在边界上，对于能够在程序设定、信息披露等方面完全反映高管薪酬水平的薪酬交给市场自治，对于显失公平的、有现实争议的及在设定程序等方面存在问题的薪酬制定加以法律规制。我国要将薪酬纳入法治领域长期贯彻执行，为实现国企高管薪酬的合理化不断努力。

第二节　国企高管薪酬法律规制的动因分析

一、新型代理问题的动因分析

对于国企来说，公众性较为突出，尤其是诸多的上市国企，更是充分地融入了资本市场，需要兼顾到广大股东的利益。国企高管薪酬更多的可以看作是股东和高管之间在利益分配方面的一种制衡关系，若这种关系失去平衡，则国企高管薪酬问题会演化成一个新型代理问题，在这个时候，则需要引入法律规制，这是一个动态因素。公司法属于一种强制性的辅助措施，以确保国企高管薪酬的正当性。根据代理理论，当权力被控制时，则公司财富有极大的可能会被控制[①]。若代理过程出现问题，则会对企业的实际权力形成挑战[②]。为解决越来越多的新型代理问题，最好的方式就是基于市场发展规律，使代理人和委托人之间的利益趋于一致。为达成该目标，国企高管薪酬的激励方式也在不断地产生变化，激励模式的收入占据的比例越来越大，而这也是推动国企高管薪酬步步走高的一大因素，社会发出了要约束国企高管薪酬的呼声。以上新型代理问题并不是一蹴而就，而是经过一个发展周期问题才得以显现，新型代理管理的典型问题就是现代公司两权分立。在公司出现之初，公司的所有权和经营权二者合一，公司的出资人直接控制公司的各项经营管理，这个时期不存在代理问题，也没有直接的利益冲突。但随着公司的不断壮大，尤其是各种不同类型的公司形式的产生，就出现了多投资人、多业务范围的公司形态。为了契合现代公司的发展模式，应运而生了职业经理人等社会角色把公司的经营权逐

---

① 潘欣，李绍龙，贺伟. 高管团队薪酬差异与企业绩效关系的研究进展［J］. 中国人力资源开发，2014（3）：43-49.

② 陆岷峰，虞鹏飞. 从风险管理视角论商业银行高管薪酬改革［J］. 北京交通大学学报（社会科学版），2016（2）：52-60.

渐分离出来。至此职业经理人掌握了公司管理的决策权，而公司高管的薪酬也在其决策权范围内。如果假定对个人收益的追求是激励职业经理人的主要动力，那么职业经理人的利益往往有别于甚至完全对立于所有者的利益，所以出于对其切身利益的考量，职业经理人在薪酬设计上完全有可能将自身利益最大化，制定出更为有利于公司的薪酬方案和发放标准，由此产生所有者和经营者的利益冲突。针对我国的实际情况——由国资委代表国家和全体人民管理国有企业，2015年国家出台《关于深化国有企业改革的指导意见》，明确提出国资委要将职能进行转变，即从"管企业"转变为"管资本"，这在很大程度上导致了所有权和经营权的双全分离现象。

二、市场失灵状态下的动因分析

对于国企高管薪酬制度来说，出现失控的局面主要是受到市场失灵的影响[①]。在传统的国企高管薪酬决策流程中，若国企已完成股份制改革，则高管薪酬应由董事会决定。这种博弈关系的前提是信息平等，但实际上在决策过程中，董事会与高管之间的相关信息掌握并不平等，有可能会出现实权派的话语权大的局面。例如国企高管在董事会中担任着重要实权职务，则可能会利用董事会流程为自身牟利，而一些董事为了不得罪高管，很可能会采取趋炎附势的方式，任由高管说了算，进而丧失参与高管薪酬决策的机会[②]。而自国际金融危机爆发以来，我国国企高管薪酬问题越来越突出，相关的限薪令也不断出台。2009年，我国财政部规定国企高管的薪酬不得超过280万元，这可以看作是一种中国式的限薪令[③]。相对来说，国企高管制度实质上需要平衡多方利益，若存在利益冲突，很难在市场失灵时通过市场手段进行调节，则社会呼声就会变得越来越大，这个时候就需

---

① 梁上坤，李烜博，陈玥. 公司董事联结与薪酬契约参照——中国情境下的分析框架和经验证据 [J].中国工业经济，2019（6）：154-172.

② 李建伟. 高管薪酬规范与法律的有限干预 [J].政法论坛，2008（3）：107-116.

③ 刘永丽，王凯莉. 高管薪酬结构、团队稳定性与企业绩效研究 [J].财会月刊，2018（16）：35-44.

要通过法律进行规制。

第三节　国企高管薪酬法律规制的正当性研究

一、激励与约束机制的正当性研究

由于国企高管薪酬不合理问题越来越受到全社会的关注，制定科学的标准激发高管经营动力，规制不合理薪酬的需求变得越来越急迫。首先，为促进双方目标一致，高管薪酬制度需要引入一定的激励机制[①]。国有企业是一类特殊的企业，高管往往按部、厅、处等级别享受相应待遇、评价、职务调动等，除为增加工作激励以及正常分配制度的物质奖励外，国企高管往往还存在向党政机关"晋升"、进行"挂职锻炼"和"岗位轮换"的情况。在一般情况下，激励机制能促进代理双方目标一致，但越来越多的迹象表明，高管薪酬制度逐渐变成代理过程中的一个组成部分，并在过程中出现了异化，这就有可能造成高管与股东之间的利益偏差。出现这种现象的主要因素在于，人类的理性是有限的，若代理双方的信息不对称，则会造成契约不完善，信息掌控方总是会想方设法为自己谋利。国企高管的理性同样是有限的，他们中的一些人会追求最大化的利益，所以并不能排除自利式的行为。在委托代理中，很多情况难以列进契约，国企高管的自利行为也就不可避免地会发生。而站在公司法立场确立国企高管的薪酬决定制度，强化国企高管的薪酬信息披露制度，不断调整国企高管的薪酬结构，具有现实正当性和必要性。

---

① 朱羿锟. 论企业高管薪酬包容性增长机制 [J]. 法学评论, 2014（3）：67-76.

二、基于中国国情的正当性研究

站在价值交换立场，国企高管薪酬的实质在于如何通过市场的交换，实现薪酬的对等价格，确保自身的生存需求。市场经济推崇价值交换，不断优化市场资源配置。但出于我国国情考虑，国企有一定的特殊性，国企高管薪酬如果由市场进行自由配置，则可能会导致协调问题的出现，进而影响到国企的长期发展。现在来看，行政干预的手段比较有效，但这终归是一项短期之举，而通过法律手段则能有效提高国企高管薪酬规制的正当性，符合社会对公平的考虑[①]。国企高管薪酬畸高，会违反社会伦理，破坏社会和谐，而法律则是维护社会公平正义的核心工具。对于国企高管薪酬分配来说，有两层意义：首先其是国企和高管就如何分配企业财产所达成的一种协议，其次也反映出社会财富分配的一种特殊关系。所以国企高管薪酬的制定，不仅要考虑到企业的本身，还要考虑到社会呼声。法律能够保障国企高管薪酬决定过程中的一种程序正义，并规制高管薪酬信息披露。法律介入确保了在市场失灵的时候，能够给予国企及权利人一定的制度救济，有助于社会财富的重新分配，更有利于国有资产的保值增值，这又确保了薪酬制度的实质正义。

三、国企高管薪酬法律规制的价值与目标

（一）效率优先的目标

在市场经济发展的过程中，如何保持市场高效性始终是一个基本要求。根据市场发展规律，市场若要保持高效，就要减少市场交易的成本，这样才能得到最大的收益。我国已成为世界第二大经济体，而掌握国家经济命脉的国企又是经济发展中最直接的动力和细胞，所以要想夯实并不断

---

① 陈益民，祝青.我国上市公司高管薪酬合理性评价［J］.中国人力资源开发，2013（3）：58-61.

促进经济的均衡快速发展，坚持国企的效率优先目标至关重要。站在公司法角度，通过法律规范，往往能够为市场保驾护航，进而使权利和义务分配得到优化，确保市场资源的有效配置[①]。对于国企高管薪酬规制来说，同样需要达到效率优先的目标，通过公司法及相关法律，规范国企高管薪酬的决定流程，加强国企高管薪酬的信息披露，使企业在这方面的成本得到降低，从而不断提升效率。但效率优先并不是无限夸大市场机制，而是为了有效配置以及利用资源[②]。效率优先的目标也体现在我国陆续颁布的诸多法律文件中。

（二）维护秩序的目标

法律规制的一大作用就是能够在预期范围内维持更好的秩序，包括社会秩序、市场秩序等。规制国企高管薪酬，从法律意义上看，同样需要达到维护秩序的目标。国企高管薪酬应在一定的秩序范围内，不能脱离该秩序。首先，公司法设计了秩序的理念，就是为价值交换提供安全保障，实现公平交易。可以说，我国公司法的核心在于如何对社会主义经济秩序进行维护。而国企高管如果违背社会主义经济秩序，擅自给自己定薪、加薪等，则会形成不良后果[③]。其次，国企高管薪酬纳入法律框架进行讨论，可以充分反映民众对这个问题的关注和态度。我国公司法应该是遵循民意的，这样才能取得更好的结果。若国企高管薪酬不公正，则可能会引发更多的社会不满，为了解决问题，维护社会秩序，法律规制势在必行。所以国企高管薪酬法律规制能起到关键作用。在社会主义市场经济中，市场主体就是公司。现代公司的相关活动负担了一定的社会责任，尤其国企更多代表着社会公共利益。国企是社会主义经济的一大主体，国企高管薪酬的

---

① 江伟，彭晨，胡玉明. 高管薪酬信息披露能提高薪酬契约的有效性吗？［J］. 经济管理，2016（2）：114-126.

② 杨蓉，罗昆. 新任高管、同业参照效应与高管薪酬增长［J］. 华东师范大学学报（哲学社会科学版），2017（2）：163-172.

③ 张栋，郑红媛. 薪酬管制对国有上市银行高管薪酬及与员工薪酬差距影响研究［J］. 金融理论与实践，2015（1）：32-37.

规制，不仅能够推动国企的可持续发展，同时也能促进社会主义经济的发展[①]。

（三）实现公平的目标

从公司法价值观点来看，其不仅要创造效益，维护秩序，同时还要兼顾公平。法律是维护社会公平正义的工具，而国企作为公共企业，同样具有这样的责任。国企高管薪酬趋于正常化，对于实现公平非常重要。从本质上看，国企高管薪酬制度属于股东和高管分配财富的一项基本性制度，反映出双方的利害关系，而置于社会这一大环境，广大股东通常代表公众的观点。通过法律规制国企高管薪酬，能够提高双方的契约精神，不至于出现贫富差距过大的现象，进而保障市场经济的健康成长[②]。当然，公平与合理是相依相存的，为了实现公平，就要确保国企高管薪酬的合理性。公司法力争保障程序正义，而程序正义则能提高国企高管薪酬的合理性。民众的意见会产生较大影响，公司法在遵循民众意见的基础上，实现对国企高管薪酬的规制，对于公平目标的实现至关重要。实践中，相当一部分高管的薪酬待遇明显超过经营业绩，与员工之间的收入差距过大导致了员工对公平性存疑，所以将公平纳入规制目标既是社会主义分配制度的内在要求，也是高管薪酬具体问题的现实所需。

（四）达到激励的目标

对于国企高管薪酬制度来说，一大目标就是激励国企高管勤奋工作，带领公司全体人员创造更大的效益和价值。同时对高管的激励，还能解决一些新型的代理问题。即便是不同性质的国企，其高管也有特定的职责，庞大而且占据优势地位的国企，需要专业人才的加持为社会主义市场经济贡献力量。通过公司法对国企高管薪酬进行规制，这一目标的达成将变得更加容易。但规制并不是一味地限制，而是以法律视角合理安排薪酬制

[①] 黄再胜. 企业高管薪酬规制理论研究:动因、实践与启示 [J]. 外国经济与管理，2009（8）：19-27.

[②] 文杰. 公司高管薪酬法律问题研究 [J]. 上海财经大学学报，2010（4）：43-49.

度，为薪酬制度提供一定的制度保障，目的是实现实体和程序正义。所以高管薪酬的法律问题一定是兼具激励与合理规制相统一的。合理而有效的国企高管薪酬制度，对于吸引和留住高级人才非常重要。而站在国有企业角度，除了通过基础工资、福利、奖金等收入对高管形成吸引力之外，中长期激励也必不可少。通过公司法给予国企高管薪酬法律供给，保障了各种激励手段的实现，为国企高管薪酬激励创造了更多途径。

第二章　国企高管薪酬决定权分配的法律问题

高管薪酬问题起源于经济学，在经济学领域重点讨论的是各变量之间关系而引发的业绩和薪酬相关性、金额确定及构成等问题。从公司法视角来看国企高管薪酬，则脱离不开薪酬的决定主体和原则、权力的分配及程序的公正、权利义务关系、辅助制度的完善等方面内容。纵观世界法律通常是站在间接角度实施规范，充分尊重市场自治，以最低程度进行高管薪酬决定的干预，以提高其正当性。对于高管薪酬决定权来说，主要是体现出薪酬决定权力的相关分配原则，以形成一定的游戏规则[①]。根据公司法的立法精神，首先应分配薪酬决定权，其次才是评判程序的正当性，但这两者之间存在着较大的矛盾[②]。公司高管薪酬决定程序是不是符合正当性原则，是不是体现出公平性，能否发挥出激励的效用，这些都已成为高管薪酬合理性的评判标准。对于我国国企高管薪酬决定权来说，需要评判薪酬是否在合理范围内，激励手段是否能推动国企的价值达到最大化[③]。高管薪酬决定权分配是对高管薪酬问题法律研究的基础。高管薪酬决定权体现公司治理中权力的分配，法律需要与其呼应。对薪酬决定权的讨论是在代理问题出现后逐步展开的。薪酬的决定事项是公司经营中的敏感且重要的事情，所遵循的原则就是隔离即利益隔离原则，股东会系公司最高的权力

---

① 宋清华，胡世超，毛庆. 金融机构高管薪酬存在风险敏感性吗？——基于中国上市金融机构的经验证据［J］. 财经理论与实践，2018（4）：8-17.

② 梁彤缨，陈波，陈欣. 高管团队内部薪酬差距与公司绩效——基于不同薪酬水平作用下的实证研究［J］. 广东商学院学报，2013（5）：57-64.

③ 袁胜军，匡倩，李青萍. 上市公司高管团队薪酬差距影响因素——基于沪深300数据的实证研究［J］. 会计之友，2016（11）：23-29.

机构，股东会制定公司董事的薪酬，董事以下的经理等高管则可以交给董事会来决议。这是正常的程序，可现实中，因为国有企业所有者的缺位，往往股东会形同虚设，高管薪酬的实际制定权落到了董事会手中。一些高管常常利用自己的信息优势为自己谋私利，提出有利于自身的薪酬设计方案。尽管国资委会对薪酬进行审查，但因其自身管理机构众多且无法对每一家企业的经营情况都做系统的了解，存在信息偏差和不对称的情形，所以即便是合理审查，但实质的制定权仍然掌握在对公司业务了如指掌的董事会手中。基于此，各国均出台了相应的法律对这一现象进行规避，从权力的分配、决策程序的正当性等防止自定薪酬的出现。

公司法里权力的分配为第一位，有了权力之后再讨论权力的保障和实施。这里的薪酬正当性不好被评判，因此评价标准依托于市场，我们去评判程序的自治、平等、公开等价值是否实现，追根溯源还是以薪酬数额是否合理，是否物尽其用来进行评价。而合理性正是企业内部需要解决的问题。基于这个内在原因，国内外诸多学者认为这是靠市场自行解决的问题，市场自有解决对策。国企高管薪酬合理化，不是一个点、一条线，而是一个交集的概念，在合理的范围内即可。在市场自治的基础上，法律再进行有限干预。检验国企高管薪酬合理性的根本标准，在于高管薪酬激励目标是否能促进国有企业价值最大化[①]，是否损害国家和企业利益，是否会直接刺激国家和立法者做出反应。当然，我国的国企高管薪酬决定在政府强烈干预的背景下有所不同，这是时代背景和国企性质决定的。

第一节　国企高管薪酬决定主体

薪酬的决定主体在薪酬的决定机制中处于核心地位，纵观各国公司，

---

① 袁胜军，匡倩，李青萍. 上市公司高管团队薪酬差距影响因素——基于沪深300数据的实证研究［J］. 会计之友，2016（11）：23-29.

决定主体的选任、决策主体和决策对象之间的法律关系影响到薪酬决定结果是否能够真实反映薪酬的客观公正性。在公司发展的初期，高管薪酬始终由公司股东直接决定，因其作为公司的主体，出于对自身利益的维护，股东有充足的动力去监督高管。这个时期的法院也会遵照公司中的商事判断原则尊重股东的决议，不会在司法实践中对薪酬制定的合理性给予严格的司法审查。股东的充分信任、法院对公司治理的充分尊重可以在公司运作过程中提高效率。随着公司的不断壮大和发展，尤其是公司到达一定规模上市之后，就要面临股权分散的状态，公司治理的权力不得不由股东会向董事会转移。董事会中的董事一般由公司大股东担任，其获取的经济回报既有公司资本投入产生的股权收益，又有来源于担任公司高管的薪酬报酬。尤其这种情况往往跟自身利益挂钩，使得一些高管在制定薪酬的时候会向自己倾斜，形成了自我交易。以下分别对英美薪酬委员决定主体、德国监事会决定主体和我国的董事会下设薪酬委员会决定主体进行阐释。

一、英美决定主体之薪酬委员会

（一）薪酬委员会的来源

在19世纪早期的英美国家，高管薪酬多数由股东大会制定，随着公司的不断壮大发展，越来越多的公司将高管薪酬的决定权交由董事会及董事。自此，公司经营中高管的聘用、选择、薪酬的制定等成了董事会公司管理中的重要责任。随着公司的进一步壮大，公司日常管理性事务繁杂，董事会中的董事长兼任公司CEO现象变得普遍，为了进一步明确分工，提高董事会的独立性，公司特在董事会之下设立了专门的薪酬委员会来代替董事会行使各项职权。此项决议在20世纪80年代就已经在美国各地区陆续蓬勃发展起来。薪酬委员会作为公司中的功能委员会出现，一方面是基于公司发展的客观需要，另一方面是基于理论层面的三层代理理论。传统的薪酬代理是委托人和代理人的双重代理模式，其中隐藏着代理人巨大的道德风险，其努力程度不可预估。现代公司中拓展为委托人、监督人、代理人三元模式。其中多了监督人的功能，薪酬委员会自身具有的独立性、专业性的特点使它能更好地履行监督职能。

（二）薪酬委员会的构成

现代的英美国家，薪酬委员会一般由独立董事组成，此举主要是避免利益冲突同时保证薪酬委员会的独立性。纽约交易所在上市公司规则中还规定上市公司薪酬委员会应制定完整的书面章程。这反映了英美国家对于独立董事制度的信任，此举主要是让独立董事在不受干扰的前提下，充分考虑公司业绩、高管的经营能力、同其他上市公司经营业绩的对比、股东回报、公司盈利能力、过去公司高管薪酬的标准等因素给出最公正的薪酬意见。在独立董事之外，薪酬委员会还聘任了会计人员、法律人员、具备管理能力的专业人士等担任顾问，为薪酬委员会制定的薪酬计划提供相关服务，这些建议和意见经薪酬委员会采纳之后，以建议的形式报送董事会。为了防止薪酬咨询顾问中的利益冲突，《纽约证券交易所上市规则》对公司聘任的专业人士的资格、聘任条件等进行了规范，明确提出考核要素。这对薪酬委员会的专业的人士是一种反向约束。

（三）薪酬委员会的问题积弊

独立董事在公司经营实践中遇到了掣肘，本来董事的独立性是其能充当薪酬委员会薪酬制定主体的缘由，但因为其相对的独立性也使得其对公司的运营情况存在一定的信息不对称性。独立董事在制定薪酬的过程中，往往依赖于公司内部部门提供的相关数据，这对于其评估公司绩效和高管绩效影响颇深，很大程度上，独立董事偏向于高管的程度取决于内部部门董事偏向于高管的程度。

薪酬委员会由独立董事和其他专业人士构成，其不是该公司的高管人员，但这些委员同时又担任其他公司某一领域的经理或者高管。基于同行业的认同和情感因素，他们中的一些人会对从事类似工作的高管制定高薪酬提供有利的支撑，形成高薪酬的市场环境，从而间接实现自身价值。典型的薪酬委员会失灵案例是2001年美国的安然公司倒闭中暴露的高管薪酬畸高及问题方案等问题，调查发现安然公司设置薪酬委员会对高管薪酬进行核算，但其仅仅体现了表面的"橡皮图章"的作用，没有发挥出薪酬委员会的独立性的特质。

二、德国决定主体之监事会

德国公司内部构成包括董事会、监事会，这一点同我国一样，但是德国公司中的股东会、监事会、股东会是垂直选任关系，也就是说监事会由股东选任，在较大规模的公司中，大多数监事由职工选举，再由监事会负责选举董事会成员。作为公司中最具权威性的股东会，其只是就公司章程中的重大事项行使决定权，一般不干预与公司经营相关的日常事务。董事会负责公司所有日常事务并向监事会报告。这里的董事会成员形如公司高管，监事会对公司高管的行为行使监督权。除行使日常监督权外，监事会还有一些独特的权限，譬如人事任免权，依照公司章程授权扩展董事会成员对外代表权、颁布议事规则等。

德国的这种模式使公司监事发挥重要作用，其薪酬由股东大会决定，高管薪酬由监事会决议，监事会人员构成为公司股东和职员，这种人员的构成相对于英美模式更能制约高管权力。监事不同时兼任高管，施行有效职位隔离，这对于公司高管薪酬的自我交易进行了有效的遏制，从而提高了薪酬制定的公平性。但这种模式也不是一劳永逸，对于薪酬构成中的固定薪酬和绩效薪酬没有一个明确的划分标准，尤其是绩效薪酬的分配取决于公司的经营业绩，直接由监事对绩效薪酬按照法理规则进行决定，难免对其适当性产生怀疑。

三、我国国企决定主体之董事会向下设的薪酬委员会

在国企高管薪酬决定权分配的问题中，薪酬的设定处于中心环节。民营企业股东及所有者因归属感和经济人逐利的天然属性，其更加关心薪酬的制定与评估。但是国有企业所有者系国家和全体人民，资产的所有者缺位，致使其薪酬决定问题更加复杂和独特。2003年之后，随着国有资产管

理体制改革，国家设立国资委，代表国家行使出资人职责。出资人代表拥有高管薪酬的决定权，可以行使批复、审核、确定或者决定权。有的企业完全是由国资委审核和批复，有的企业国资委只是确立法定代表人薪酬，其他高管薪酬由企业自定后报国资委备案。出资人代表对国企高管薪酬具有决定权。国企高管薪酬的决定机制主要有以下几种类型：第一类是国有独资企业，其高管主要由政府直接任命，国资委负责制定其薪酬标准并审核薪酬发放方案，对法定代表人的薪酬确定方案予以批复。第二类是国有控股的企业，国有股权代表可以对高管中的董事薪酬的发放提出意见建议，但最终确定权要由股东会审议决定。其中高管中的经理、副经理和财务主要负责人薪酬方案则由董事会审议并最终决定。第三类是面向社会进行公开招聘的高管可以依据市场情况经双方协商决定，只需报董事会决议即可。

综上，国有企业虽由国资委负责审核，对国家任命的高管薪酬有较大话语权，但由于国有企业出资人的虚位，国资委无法对每个企业的情况做到充分了解，同时也缺乏充分了解的动力和精力，导致国企高管薪酬制定的实际人是企业董事而非出资人代表。且董事中有相当一部分同时兼任总经理或副总经理的角色，所以薪酬的制定实际上常常处于自定范围。在薪酬的制定过程中，除非薪酬设计方案明显不合理，国资委一般不会对方案予以否则，其中的股权代表虽然可以提出调控意见，但其并非完全与董事隔离，甚至其就任命于公司的董事会，同公司中的董事和高管形成利益共同体，无法真正起到应有作用。同时高管薪酬的设计需要对企业具体情况有所了解，国企为了保障薪酬制定的合理科学，一般也会通过设定专门的薪酬委员会来设计企业高管的薪酬。这种情况更多适用于上市的国有企业，由薪酬委员会统筹设计高管薪酬制定方案、考核标准，薪酬委员的成员组成主要为独立董事。相关的制度支持可参见国务院国资委在2009年发布的《董事会试点中央企业董事会规范运作暂行办法》，其中设定了设立薪酬委员会的条款，也明确了分工。证监会2002年发布的《上市公司治理准则》出具了相关条款，即上市公司的高管薪酬由薪酬委员会负责考核制定。

第二节 国企高管薪酬决定原则

高管薪酬的决策原则是薪酬决策机制中重要的一个环节，虽然高管在不违反法律法规相关规定的范畴内可以与企业自主签订合同，但为了避免在薪酬发放过程中不可抗因素导致高管薪酬过高、引发收入差距过高的乱象等，订立薪酬过程中就要遵照薪酬决策的一些原则。

一、公平合适性原则

所谓公平合适性原则的内涵就是高管薪酬应当与其职务内容、企业发展实际情况、工作业绩相吻合。在评价高管薪酬是否公平及合适时，主要的考量标准即高管本身职务、为企业所作贡献、同行业内高管的普遍薪酬水平，高管所具备的特殊能力、知识、所承担的特殊风险也作为重要的考核标准。宗旨是在进行高管薪酬发放时充分调节企业、高管的利益，并兼顾公平与效率。

根据国外经验，德国的《股份公司法》明确了相关合适性的要求和定性，监事会确定董事会成员包括薪金、红利、保险、佣金、以激励作为导向的薪酬允诺，要周全考虑董事会成员的具体职务、业绩以及公司发展情况，在没有特殊情况下，董事会成员薪酬不应该超过通常规定的薪酬范围。这里需要注意的是，董事的职务内容要在合同中明确，因其在公司中承担的业务领域不同，在薪酬制定中要考虑这种差异。在薪酬确定的常规标准中，通用的形式为平行和垂直比较。平行比较即考虑同样的国家、行业、地域在经营发展过程中可作为比对值的薪酬计划，垂直比较即考虑公司内部既有的工资制度和薪酬结构，为高管拟定的薪酬计划应当与现有制度及习惯相匹配。高管在公司业绩上有突出贡献的情况可单独做以规定。

二、可持续发展原则

可持续发展原则的制定主要体现在公司的长期及短期利益的综合考量上。企业的管理层对公司业绩存在时间和风险偏好。时间偏好主要是管理层希望企业的业绩能在短时间之内得以提升和体现，企业能够长远发展，实现既定目标并非其关心的主要问题。例如对新员工的培养、新产品的研发、科研创新能力等有助于企业长期发展的决策并不是十分偏好。风险偏好主要是指风险和收益往往成正比，管理层侧重于投资那些能在短时间之内为企业带来巨额收益的高风险项目。薪酬设计方案中缺乏风险控制机制，企业往往依赖短期报表数据，因此，在薪酬的设计方案中应该考量可持续发展的因素，注重长期有利的发展模式，而不是为提升短期业绩而采取的极端投机行为。

纵观国外，欧盟发布《2014年指令修改建议》，其中规定，对于高管的浮动薪酬进行最高值限制，对于高管薪酬的股权激励部分解禁期至少三年，即使高管的股权激励被解禁，仍然保留一定数量的股票到任期结束。德国在2009年《董事薪酬适当法》中也强调了高管的薪酬激励应当遵循可持续发展原则，重视企业的长期业绩，避免因追求短期利益产生的高风险行为。

三、薪酬可变更原则

如前则公平合适性的要求，企业高管的薪酬要与企业实际运营情况相适应，在企业业绩优良时，高管薪酬可随着企业业绩好而有所增长，企业业绩不良时，高管薪酬应随之降低。在实际的企业运作过程中，业绩不佳、经营状况恶化往往是事后且不可预见性的，政府、董事层及监事层不得以事先已经预料到的经营不利或潜在风险作为降薪的理由，也不得在已经确定的薪酬基础上以经营不善直接降薪。如果高管在经营中存在明显不当行为，应依规定返还一定薪酬。但是变更原则有待商榷，薪酬的返回不能单纯作为高管错误决策的惩罚，但是薪酬可变更的原则无疑是一种对企业和高管相互制约的一种有效原则。

第三节　国企高管薪酬股东话语权和薪酬委员会独立性问题透析

一、法律赋予股东的话语权问题

随着经济全球化的延伸，高管薪酬问题也向全球化进程迈进，股东对高管薪酬的话语权问题引发了广泛热议。在英国2002年发布的《董事报酬报告书规则》里，最早出现了股东对高管薪酬决定的参与问题。从实际意义上来看，股东是公司的所有者，股东具有企业经营管理的各项权力。无论是董事还是高管，股东因其自身属性均具备话语权，高管薪酬一般情况下是股东授权董事会决定，董事薪酬系章程规定，或由董事会或股东大会决定。事实上，随着现代市场的发展，在现代的公司治理中，股东是资本的投资者，但却逐步失去了对公司高级管理者的把控。

对我国的国企来说，尤其是已经上市的国企，对于公司的控制也走过了两个阶段，起初发展阶段是股东的绝对控制权时期，这个时期相对公司内部关系就较为简单，股东因为其持有股票的比例成了公司的绝对控制人，公司的董事会及其他人员均服从和听命于股东决议，所有一切的经营活动和公司决议均系股东所把持。第二阶段是随着股权不断分散，股东对公司经营管理干预的能力在不断弱化。也就是公司的所有权和经营权进一步分离，股东逐渐丧失了对公司的控制权。这一阶段表现出来的主要特点是股东的股权被分散开来。高管薪酬问题的主要成因之一即为股东对高管薪酬的话语权逐步丧失的背景下愈演愈烈的[①]。经过这两个阶段后，为了妥善和从根本上解决国企高管薪酬的问题，强化股东的决定权才是关键。这

---

① 刘辉，干胜道. 高管薪酬公平性的认知影响因素研究［J］. 河南师范大学学报（哲学社会科学版），2014（1）：91-94.

种权力不单可以解决高管薪酬问题，对保护中小股东也同样意义重大。

（一）各国重拾股东话语权

2003年，美国修改了上市公司规则：一家公司在上市的一段时间内，要受到大股东也就是公司实际控制股东的控制，其中高管薪酬事项需要经过股东会的决议和获批。单纯地要求权力的实现，作用似乎并不尽如人意。所以2006年开始，美国强化了上市公司对高管薪酬细节安排进行有效的披露和解释的措施，更加确定了建立薪酬委员会，保证薪酬委员会独立性的重要意义。实际运作中，难免出现分歧和矛盾，彼时需要董事会出面调停。2007年，金融服务委员会的巴尼·弗兰克（Barney Frank）发起立法，"规定众议院股东对高管薪酬有不具约束力的表决权。然而，股东的投票对公司或董事会并不具有约束力"[①]。金融危机后，美国著名的微软公司率先垂范，明确了股东可以在薪酬问题上行使表决权，鉴于股东大会召开频率等因素，表决权行使可以是三年一次。2010年《多德−弗兰克法案》颁布，随后增订《证券交易法》，其中第14条规定：在股东会或其他股东会议的公司委托声明书中，可以实现股东的两种投票权力。笔者总结第一种为绝对的投票权，第二种为询证似的投票权。简单来讲，绝对性的投票权就是股东可以充分表达自己的股东意愿，同微软公司一样，每三年可以行使其权力对高管薪酬制定的问题进行投票，询证似的投票非必须的投票行使，但股东可以至少每年对高管薪酬的具体内容进行询问式的投票，这一点极大加强了美国的股东话语权。以上是从法律层面对于股东话语权所做的规定。

之所以运用法律手段而非经济等其他手段，主要是有三个因素制约着股东话语权作用的发挥。第一个，美国是经济发达的现代资本主义国家，美国人信奉公司自治，尤其是薪酬这样的内部事务的安排，并不需要股东的出现，股东大会的召开有自己的周期，在股东大会上讨论的应该是公司发展、股票增资等的重大事项，而高管薪酬被定义为日常事务，应该交由

---

① 罗伯特·汉密尔顿. 美国公司法［M］. 齐东祥，等，译. 北京：法律出版社，2008：56-59.

公司的常设机关——董事会来决定。第二个，高管薪酬内部制定事宜由董事会决议，那么外部的制定标准应该纳入商业判断范围，依靠市场完成，法官不应该干预经济领域的薪酬问题。如此一来，股东话语权制度的作用就极为有限了[①]。第三个，美国始终倡导要建立薪酬委员会制度，把专业的事交给专业的人，薪酬委员会的成员由独立董事组成，其中不包括股东成员，两种身份相剥离也制约了股东话语权的效力。

在英国早期的股东薪酬话语权制度中，高管薪酬还属于公司内部事务，没有上升到法律层面。具体表现为股东还是公司的核心地位，公司中的任何群体包括董事在内，如果损害了公司和股东的利益，或者股东的意见被无视，股东在股东大会闭会期间可以要求召开临时股东会议，对董事行为提出质询，甚至可以依据公司章程撤换不满意的董事，在换届时进行改选。但是高管薪酬的事务系董事会的管辖范围事务，董事可依据规定和标准进行制定，股东没有实际的法律约束力，更多的是提出建议性的意见。20世纪90年代，英国制定了《格林伯瑞报告》，首次增设了股东投票条款，但仅限于董事会在制定薪酬时，标准发生了变化或者薪酬引发公司内部争议的时候。在这种情况下英国首次以立法的形式颁布了《2002年董事薪酬报告条例》，确定了薪酬的董事报告制度。21世纪后，英国对《公司法》进行了修订，进一步明确了对高管薪酬的股东薪酬话语权制度[②]。

值得一提的是荷兰、挪威和瑞典等欧洲国家，与英美又各有不同，其实行的是股东对高管薪酬的投票制度。荷兰成立了公司治理委员会，出台了《塔巴克斯布雷特守则》，充分发挥了股东的作用。在事前监督中，股东对薪酬提案具有发言权，且这种发言权具有普遍的约束力。如果公司的董事和执行部门，违反了制定规则和公司规定，要给予充分的解释。如果对现有的薪酬制度不满意或者随着时代变迁需要更新标准时，股东可以充分发挥其作用行使投票权，投票有两种结果，投票结果经充分讨论如果可以实行则立即生效，如果尚有不妥之处，则沿用原来的薪酬方案。

---

① 戴维·凯里，约翰·莫里斯. 资本之王［M］.巴曙松，译. 北京：中国人民大学出版社，2011：199-203.

② 费伦.公司金融法律原理［M］.罗培新，译. 北京：北京大学出版社，2012：165-170.

（二）股东薪酬话语权制度的实践效果

学界对股东薪酬话语权制度的实践效果褒贬不一。第一种观点认为股东的投票只是具有建设性意见，而不具备实际的约束力。该制度的实践主要是公司的自觉选择，这就使得实施的效果一般。第二种观点则认为在薪酬制定的过程中，实现董事会和股东的充分沟通，股东具有话语权，董事遵从股东的意见，更能对高管造成压力，从而起到遏制作用。

在美国，上市公司的股份份额较为分散，控股股东借用股东话语权和投票制度来表明自己的态度立场。前文提到，闻名世界的微软公司首次授权股东在股东大会上行使表决权，规定了行使周期和行使内容等事项。在英国，上市公司的股份集中程度较高，虽同样为老牌资本主义国家，但其没有美国公司股份那么分散。在英国已经正式确立了薪酬话语权制度，另外在英国保险协会和英国退休基金联合会两大英国最负盛名的协会的共同作用下，近十年中上市公司高管的薪酬平均增长率下降了五到十个百分点。这些明显是英国在充分保障股东话语权的基础上多方力量共同作用的结果。

欧美国家进行了多番尝试，但因为股东有着其必须要面对的信息劣势和固有的内部缺陷，其对公司事务的掌握不充分详尽，很难说股东薪酬话语权制度充分得到了发展，完全改变了高管薪酬结构。信息劣势是薪酬话语权难以实行的前提，现代公司所有权和经营权分离，股东掌握的公司信息是极不对称和全面的，很多事务都是交由董事会或者监事会去授权办理。董事会进行公司日常治理，也是应历史和发展的需求，可以说是董事的"分内事"，由股东或者诉诸法律力量再去进行监督会使成本过高。公司运作毕竟要考虑成本要素，即便股东享有豁免权，但是如果投票修改的成果、聘用新高管的成本明显高于现有制度的成本时，股东即便具备话语权，在充分考虑各种利益关系的前提下显得也不那么重要了。另一方面，高管因其特殊的公司地位，掌握着公司的一手信息资源，薪酬方案是最为复杂的方案，近些年来引入了股权激励的概念，很多企业都伴随着绩效考核制度，让股东利用时间去认真研究这些内容显得不太合乎现实逻辑。没有专业知识的把持只会导致唯金额论，即股东视金额来论断高管薪酬。这样做既缺乏专业的判断，又容易造成高管优秀人员的流失。

二、法律框架下薪酬委员会的独立性问题透析

薪酬委员会是公司众多委员会中的一个，顾名思义，薪酬委员会最主要的工作就是公司高管薪酬方案的起草和制定。实践证明，作为董事会下设的专业薪酬委员会，在包括法律、税务、学者等多重身份的专业顾问的协助下，因其具备更为专业的知识，在一定程度上形成了对董事会权力的制衡。薪酬委员会的存在合理性毋庸置疑，问题就是怎么去充分发挥该委员会的专业性，并且保持其独立性。许多发达国家对薪酬委员会的组成成员进行了规范，引入独立董事制度，从数量上、程序上进行了安排，这一点也是为保证其独立性的考量。

独立董事如不独立，高管薪酬决策的公平性和合理性便难以得到保障。英国为了保证其薪酬委员会的独立性，增设了独立董事互斥原则，即本公司的独立董事和其他机构的经营者相冲突原则，两者不相容，如果一个高管已作为其他公司的主要成员，其作为独立董事的可能性就被打破。20世纪九十年代后，英国先后颁布了《示范公司章程》和《格林伯瑞报告》，首先就设立薪酬委员会的合理性给予了法律上的肯定，但高管薪酬科学合理化的考核机制尚待形成。委员会成立后，对成员的构成提出了要求，对薪酬制定的程序予以公开，后续又给予了更详尽的法律补充。21世纪以来，《公司治理联合守则》颁布实施又增设了部分条款：薪酬委员会应视高管的能力定义薪酬，至于能力的考量主要与公司业绩挂钩，不能抛开公司绩效考核来定义薪酬，这项标准至今受用。从薪酬委员会的角度来看，除了保证其独立性和专业性外，还需要就过程管理中的决策程序公正性进行考量。自1978年美国SEC建议上市公司设立薪酬委员会制度以来，薪酬委员会已经成为美国上市公司治理机制不可或缺的一部分。薪酬委员会成员的独立性得到充分体现，上市公司中近2/3的薪酬委员会成员为独立董事。美国每年都要就程序的合理性给予考核。

欧盟委员会也顺势发布了《上市公司非执行董事及监事的作用》。这一点照美国起步较晚，但该法案实施后，欧盟各国也效仿美国在其上市公

司中全面建立薪酬委员会，并要求各成员国于2006年6月30日之前完成国内法修改，同时为了保证独立性，要求组成人员全部或独立董事占必要多数。

在德国，监事会在公司中起重要作用。德国也设立了薪酬委员会，但依据《康默准则》并没有强制要求上市公司设立薪酬委员会，更多的是建设性意见。设立薪酬委员会的公司，该委员会听命于监事会，并在监事会的指导下开展工作。监事的权力较大，在董事之上，可以代表公司签订对外合同，更可以决定薪酬委员会关于高管薪酬的制定事宜。1993年，为保障职工对高管薪酬制定的参与权和话语权，德国修订了《股份公司法》，完善了监事会制度，规定除了公司流程任命的监事以外，一些职工代表也应该参与到监事会中，而且是强制性要求。这部分群体更能反映群众心声，从除管理层维度外的基层自下而上对薪酬议案提出意见，至此薪酬设置更为合理化，这是一项创新性的举措。多数国家采取独立董事席位，而德国的这一举动恰恰有效地保持了监事会的独立性。

日本则不同，它的公司采取三会即股东大会、监事会和董事会相互牵制的双层制结构。在上市公司中设置董事会执行具体业务职能，设置监事会实行具体监督事宜。《日本商法特例法》规定了日本上市公司可以在公司治理结构上选择双层制或者单层制。这一条例发布表明日本的上市公司参照英美的公司治理实践，设立了薪酬委员会，日本确定薪酬委员会独立的方法是将职权剥离，禁止董事会过度参与其中，董事会从公司董事中选举3人以上组成薪酬委员会，独立董事应占到薪酬委员会的半数以上，与此同时薪酬委员会委员不能兼任本公司以及子公司的执行官，或者业务执行董事、子公司的外聘经理、会计等。

第四节　国企高管薪酬决定权分配的法律对策

一、国企高管薪酬决定权的立法现状及权力分配

我国首部公司法对高管薪酬做了一些设定：股东大会是权力机关，负

责董事的人事任免和其报酬事项；董事会经对股东大会任命并对其负责，用以决定公司的其他高管的薪酬适宜，同时对股东大会负责。 这是我国法律对于高管薪酬决定权配置的一般规定。1997年证监会发布的《上市公司章程指引》中也明确规定了薪酬决定事宜：依旧是由股东大会决定，和公司法一致，经理等高管的薪酬由董事会决定，该法规于2007年3月6日废止。但在最新的《上市公司章程指引（2016年）》中，其根据公司法确定的薪酬决定规则在后续的规章中并无根本性变化。因公司法有了相关规定，《中华人民共和国证券法》并没有对高管薪酬进行直接规定，而是首次谈到了信息披露制度，并对其进行了详尽的规定。《中华人民共和国企业国有资产法》对国有企业高管薪酬的决定权进行了规定，一方面该部法律的调节对象主要在国有企业，形成了我国国企高管薪酬决定权的又一条特色规范路径。另一方面它对企业高管薪酬的一个重要规定是出资人和高管权利义务的划分，履行出资人职责的企业，应该进行高管的选拔，对其选择的高管制定薪酬标准及奖惩措施。同时谈到了国家建立国有出资企业管理者经营业绩考核制度。自此，我国高管薪酬和公司绩效考核挂钩也有了法律依据。2016年，《上市公司股权激励管理办法》发布，其较为全面地构建了上市公司的股权激励制度，此项制度的引入激活了市场活力，是当下经济发展的必然选择。国家陆续出台了《关于进一步规范中央企业负责人薪酬管理的指导意见》《中央管理企业负责人薪酬制度改革方案》等文件，确定了对国企高管薪酬进行分类分级管理，对基本年薪、绩效年薪、任期激励等薪酬水平做上限规定，对福利性待遇进行统筹，如基本养老保险、基本医疗保险、公积金比例等都制定了一定的标准和比例，对可能存在的变相及隐性福利待遇作了一系列规定。《中央企业负责人薪酬管理暂行办法》的发布，对国企高管薪酬的发展起到了巨大的作用，它建章建制地明确规定了中央企业高管薪酬应包括基本薪酬、绩效薪金和中长期激励三部分，也类似于薪酬包的概念，尤其引入长期激励类似于股权激励等的法律规定，有非常强的现实指导意义。其中的基本薪酬参照公务员工资标准，这与国企高管的半公务员性质有关，与普通职工的工资差距受到不超过5倍的限制①。国资委对中央企业负责人的报酬方案直接负责，提交审核和备案，对于明显不合理的薪酬可以采取收回超标准部分报酬。国企受《公司法》《证券法》以及证监会相关规定约束的同时，更需要按照其特殊属性，遵照国资委、财政部等单位的相关规定。上市国企应设立股东大会、董事会与监事会，股东大会拥有最高的权力，单独决定董事薪酬：董事在公司中占比较低，是公司的直接管理层，所以由股东大会直接决定其薪酬具有一定的现实基础。除去董事外的高管有如经理、副经理以及财务负责人等的薪酬则由董事会全权处理。一切规定以公司章程为准，章程另有规定的除外，"实践中也不乏公司章程明确规定董事能够决定自己报酬的事例"②。在这里不得不提到董事，虽然股东大会是公司的权力输出部门，但是股东大会只是依照公司章程定期召开，时效性不强。作为公司的董事就没有类似的限制，它的实际权力要比法律规定的宽泛许多。以上形成了以《公司法》《企业国有资产法》《证券法》为基本法律框架，以国资委、证监会等政府部门的行政规章为辅的公司高管薪酬决定权的法律规范体系。

对于股东薪酬话语权这个课题在我国一直存在，尤其是在大型国企及上市公司中，董事会多数掌控在大股东手中，涉及让股东话语权回归的现实需要。但在一些小型国企或者公司中，股权很难集中，薪酬专业知识不足，即便引入话语权制度，赋予中小股东对经理人员薪酬的投票权，其价值也是有限的，也很难对大股东的薪酬安排形成有力的干预，难免造成流于形式，徒增公司营运成本的后果。

二、国外薪酬决定权的法律解析

高管薪酬决定权的分配形象地表现了公司治理中权力的分配与制衡。无论形式如何，"各国的权力配置均反映着三权分立、三权制衡的思想"。围绕着以股东大会、董事会（薪酬委员会）、监事会之间的权力分配为中心，主体是谁，怎么介入，保障机制是什么，从而形成了各国不同

---

① 刘星，徐光伟.政府管制、管理层权力与国企高管薪酬刚性［J］.经济科学，2012（1）：86-102.
② 杨栋，樊颖洁.上市公司高管薪酬公平性研究述评［J］.财会月刊，2016（28）：111-115.

的高管薪酬分配机制。针对我国国企高管法律规制所出现的薪酬委员会话语权和董事的独立性两个重点问题，应积极结合国外既有经验和我国实际情况，以提出更有效的对策。

（一）英、美公司法的干预现状

在20世纪之前，公司的主要股东尤为关心股权收益和公司运作，公司董事的职务履行是不可以请求报酬的，董事会也并没有决定董事报酬的权力。按照公司一般章程规定，董事身份只能获得象征性的收入。美国《特拉华州普通公司法》第141条第（h）款规定，董事的薪酬由董事会决定，除非公司的章程或者其细则另外做出限制性的规定。英国在《示范公司章程》中规定，由股东大会决议董事的报酬事项，且薪酬事项只以普通决议的方式即可。如果决议与规定的内容相悖，为保障董事权益，董事费用应当按天来计算。另规定还明确了董事会可以使用恰当的方式来决定董事、高管的薪金报酬。随着现代公司控制权与所有权的逐步分离，股东和董事身份不再重合而是相分离，董事职位变成实际职位。公司高管的薪酬远超公司普通职工平均水平多倍，并且无节制的上涨。据调查，1978—2018年，美国CEO薪酬上涨940.3%，而同期普通工人的年薪仅上涨11.9%。从CEO薪酬比普通工人工资的倍数更能看出这种变化的急剧性，1965年CEO薪酬是工人工资的20倍，这一倍数在2000年最高达到368倍，在2018年回落到278倍。[1]"如果把公司的收益比作蛋糕一块，那么，是公司的仆人掌握着分蛋糕的刀子，而非主人!"20世纪九十年代，美国一家著名的制药公司在召开股东年会时在其委托投票的材料中写道：公司的高管未来的年薪不应该超过美国总统年薪的两倍。当时美国总统的年薪为20万美元，40万美元的年薪简直天方夜谭。因为任何一家企业高管工作的复杂程度等均不可能高于美国总统。公司高管非公司的控股股东，每年却领取着数百万美元的年薪、股权激励等报酬，明显是权力的滥用。不单如此，高管的薪酬还

---

[1]　Mishel，Law- rence，Julia Wolfe. "CEO Compensation Has Grown 940% Since 1978: Typical worker compensation has risen only 12% during that time." The Economic Policy Institute, August, 2019. http://www.epi.org/publichtion/ceo-compensation-2018.

呈现和企业盈利水平不相符的情况，当企业盈利增加时，高管的报酬上升情有可原；当企业的盈利下降时，他们的报酬不降反升势必会引发热议。

基于以上的现实思考，英美国家运用了法律手段对高管薪酬进行干预。干预条款如下：美国在2010年颁布《多德-弗兰克法案》，其中第5章——"责任与高管薪酬"中有股东薪酬话语权的明确规定条款：至少每三年要对高管薪酬安排召开一次股东大会对之予以表决。英国专门成立调查委员对高管薪酬问题展开调查，规定董事薪酬应该由公司股东通过股东会决议予以批准。《董事报酬报告书规则》要求设立在英国本土或国外主要证券市场上市的企业高管薪酬需要交由股东进行劝告性的投票，股东表决没有法律上的约束力，董事会没有义务服从。英国公司法规定，高管报酬由股东大会决定，劳动合同的订立、高管的离任由股东大会决议和审批。

基于市场自由的考虑，公司法在公司自治与法律干预的抉择上，显然维持了对传统市场自由和公司自治的推崇。尽管如此，股东薪酬话语权对上市公司高管薪酬还是起到了一定的作用。美国SEC根据《多德-弗兰克法案》第951条的规定，增订《证券交易法》第14A条规定，要求在股东会或其他股东会议的公司委托声明书中，至少每3年股东可对高管薪酬内容，进行无拘束力的投票；至少每6年股东可进行无拘束性的投票决定；每1～2年或每3年对支付高管薪酬内容进行咨询性投票。董事如果对股东的行为存在质疑，将会以公开薪酬决定方案的方式进行公示，有时还会面临股东在董事换届时更换董事的情况。既然有了法律干预的概念，那么法律干预过程中，英美公司法对公司高管薪酬的法律干预主要强调的是确保股东大会、董事会与高管之间利益链接的有效隔离，对独立性与正当性的保证，既能保持决策机构的独立性，又能保证决策程序的正当性。在决策机关的独立性上，英美国家推崇股东自治，股东如何制约公司管理层的权力无须法律进行强制性的干预。现实中问题频发，美国以上市公司董事会下设薪酬委员会来决定高管的薪酬，薪酬决定者和高管利益隔离，薪酬委员会的成员由公司中的非经营董事来担任，形成了独立董事制度；SEC、联邦税法都支持让独立董事作为薪酬委员会的必要成员。通过借助薪酬委员会必要成员即独立董事的作用，在市场自治和供需关系博弈中做出独特的商业判断。在决策机制的正当性与合理性上，董事按照公司法中遵守信义义务的要求，强化薪酬信息强制公开制度。这在美国的薪酬发展史上又进阶了一步。披露是其一，而后高管还需要对所披露的薪酬信息负责。出于形式主义披露或者错误披露，薪酬将面临被追回的风险。除了公司法律制度的干预，美国开展了联合执法制度，税法、合同法与诉讼制度也在积极配合上市公司高管薪酬问题的解决。

英美国家是老牌的资本主义国家，从最终的权力来源来看，股东对高管薪酬的决定权在公司成立之初就享有，是权力本位。只是随着现代公司控制权与所有权的分离，股东最初享有的董事薪酬决定权因效率的需求和股权分散的客观现状促使其异化，最终归入董事会决定。

（二）德国公司法的干预现状

德国公司治理中，设置了三层权力机关，这就是我们前面说到的股东大会、监事会和董事会。推行股东大会选举监事形成监事会，此处有别于欧美国家，决定监事的薪酬制定并对股东大会负责，也可以依据公司章程规定参加股东大会；监事会再选任董事，构成董事会，监事会决定董事的薪酬的制定，董事会负责公司日常经营管理事项的双层制治理结构，这种治理结构还有一些重要的特征。德国的双层制公司治理结构的最大特点是监事会拥有任命董事、批准某些特别交易的实权，其在公司中职权非常大，公司对董事会的实际控制权掌握在监事会手中。这点和有些国家监事会形同虚设大相径庭。具体分析来看，德国监事会由劳资代表组成，从职工中选举的监事在公司中享有实权，其成员组成在客观上对高管薪酬起着一定的监督和约束功效。

德国法律的干预现状如下：《股份公司法》在公司的章程里有关监事薪酬的规定，可由股东大会直接决议。后经修订，原来只有监事会薪酬的决议拓展到监事会有权决定董事的薪酬，对包括数额、形式等都做了详尽规定。薪酬计划的实施要按照公司发展的情况也就是和实际业绩相关联，如果高管薪酬的制定和公司业绩脱钩，甚至明显呈现不公现象时，首先高管要在年度报告或者股东大会上对其薪酬构成情况进行必要披露，监事会也可以视情况降低薪酬标准。《公司治理准则修正案》董事报酬由监事会在考虑其业绩回报的基础上最终决定。德国公司中的高管薪酬由固定薪酬、浮动薪酬组成。一场席卷全球的金融危机过后，高管薪酬的问题凸显，高管通过公司获得的浮动薪酬包括股权激励等居高不下，这种情况下，高管更注重眼下的既得利益，往往没有兼顾公司的大局和长远发展。《管理层适当薪酬法案》颁布后德国在其《股份公司法》中就对合理性和适当性提出了更高的要求，也就是适人适位，公司要充分考虑高管的业务水平及其个人能力、人脉资源、突出贡献等；另外更要充分考虑他对公司的贡献度，这些业绩挂钩要在年度报告中进行特别阐释，监事会在制订高管薪酬时，要充分考虑公司的长远利益等因素。还规定了股东薪酬话语权投票的触发机制，即50万股股份或持有5%的股东要求投票时，监事会需配合完成。上市公司高管薪酬的浮动薪酬部分应当由数年的计算标准及前几年度的基础组成；对于特殊发展时期或者遇到经济动荡时期，监事会应当约定限制的可能性[①]。《管理层适当薪酬法案》中德国在传统的固定薪酬和浮动薪酬基础上，引入了高管股权激励的政策。但股票期权计划没有实质的优惠政策，股权激励也就没有完全成型，大多数股权激励计划仅作为对支付干预措施的响应方法而已。德国公司法上关于薪酬决定权主体的注意义务同英美公司法上的薪酬取回权有相似之处，英美的规定更侧重于事后弥补，而德国公司法更为强调事前的监督。可见，德国的监事会是权力输出的核心部门，无论决定机制和保障措施如何变更，监事会始终是高管薪酬的决定主体。同时其有权自行决定是否提交董事薪酬方案和决议，并不承担向股东大会提交的法定义务。值得我们注意的是，德国法律规定中的高管能力和公司当年经营状况的现实考量容易被确定，但和业绩的挂钩性比例是否追求公司的健康长远发展这一点不好被量化，这就给后面我们提到的司法介入问题带来了难题。

---

① 托马斯·莱赛尔，吕迪格·法伊尔. 德国资合公司法［M］. 高旭军，等，译. 北京：法律出版社，2005：233-236.

（三）日本公司法的干预现状

日本的公司治理结构也效仿德国但又同德国模式有所不同。日本也是由三会组成公司的决策层去行使权力，同德国不同的是，监事会没有那么高的行政职权，公司高管的薪酬问题由股东大会和董事会携手共同决定，即便是共同决定，股东大会还是公司的至高决定权主体，由其制定董事的薪酬并设置最高薪酬的限额。而具体的落地实施则由董事会牵头负责。日本公司法对上市公司高管薪酬始终秉承最基本的原则，即除非公司章程另有规定，否则按照公司章程的规定决定董事薪酬。一个是股东大会是权力主体，负责分配总额和分配标准；另一个是上市公司董事会可以设立薪酬委员会来决定高管的薪酬，这一项的具体做法是引入专业机构，为推行股权激励计划做必要的前提准备。

日本的法律干预薪酬制定源自1899年制定的《日本商法》，其规定按公司章程或者股东大会统筹公司董事薪酬，为避免公司董事在薪酬制定的过程中谋求私利，该法将董事薪酬的决定权明确授予股东大会。后经不断完善，决定增设薪酬委员会来决定高管薪酬，并将薪酬区分为确定薪酬、不确定薪酬以及非金钱薪酬。如果章程没有具体规定的，由股东大会决定高管的薪酬、奖金和其他收入、从股份公司所获得的财产上的利益等事项。日本的上市公司是债权和股权共同的治理模式，公司除了主要控股股东外，还有金融机构的介入，这两大主体使权力高度集中，高管没有被激励的直接动力，其与公司员工的差距并没有在工资绩效中得以体现，更多的是体现在鼓励待遇和职位高低上。公司不需要特别考虑对于高管的激励，所以并没有出现欧美等国家的天价薪酬现象。后期，著名的日本索尼公司避开法律的规制，用可转换债权的形式模拟股票期权的方式开创了推行股票期权激励形式的先河。1997年5月，日本公司法修改，为上市公司引入股票期权制度提供了基础性的法律依据。有了法律依据后，日本政府还通过立法对股票期权等激励方式制定了完善的配套机制，也就是公司要完善独立董事制度，进行有效合理的信息披露。商法的改革，正式引入新股预约权制度。因同处亚洲，我国公司治理结构与日本具有相似性，日本的双层制模式为我国解决国企高管薪酬问题提供了又一解决思路。

三、国企高管薪酬决定权的评价及建议

从法律设定形式上看，我国的国企决定权法律规定内容已经初具雏形。但囿于市场环境的多样性、薪酬制度的复杂性等特点，薪酬决定权机制没能全面发挥作用。究其原因，一方面，我国市场经济环境相对来说不成熟，随着国企的改革，决定权机制本身存在着一定缺陷，配套制度还不够健全，高管诉求等因素对我国的国企高管薪酬决定机制的运行产生着影响。国有企业建立的公司治理结构，主要围绕薪酬决定权配套机制开展，例如《上市公司治理准则》中关于薪酬委员会制度明确规定，国有上市公司可按照股东大会的决议设立薪酬、审计、战略与发展等专门委员会①。另一方面，从现实意义来讲，由于国有企业所有者的缺位，设立薪酬委员会机构对国企来说是必要的。薪酬委员会在依规定对高管的业务能力和绩效考核、保障措施和披露程序的完整性上，具有一定的披露权力。但是究其根本，这些权力只是具体事务上的权力，至于最关键的决定权依旧牢牢掌握在董事会高管的手中。

（一）国企高管薪酬决策主体特殊性评价

就国企高管本身而言，有其独特的特点，我们需要了解其本身独有的特点再谈法律对策。国企高管不同于一般的公司高管，国企经营的目标是多样性的，高管的履职要满足企业经济发展的同时，还兼具着履行社会责任甚至还肩负政治使命。行政力量介入高管的管控也有现实的需要，薪酬仅是其中一部分。究其根本，国企权力主体是国家，国家是企业的实际出资人，但是国家不是个体，必须要委派其法定代表人来行使国家权力。国家的政府部门作为股东代表人，没有更多的利益权衡。常常因为对国企治理信息的缺失和不足，与高管在薪酬决定问题上的博弈时常处于下风。不

---

① 马永强. 市场化进程、薪酬差距与盈余管理方式选择［J］. 山西财经大学学报，2014（7）：91-104.

但如此，为了加强对国企的控制，还需要依靠所委派的高管，诸如经理、党委成员等赋予其权力来经营企业。这样一来，高管的权力更大了。国有企业高管凭借着企业的雄厚财力和本人的权力，常常与政府行政管理部门议价，其中的很多人视自己为企业的家长，除了把握企业日常的权益外，甚至还有一些官僚主义的色彩。我国的市场化商业活动在国企尚未得到广泛的推广，人们往往更看重权力，而非商业活动本身。使得对薪酬的考核常常形同虚设，根本没有有效的约束力。在深化国企市场化改革的同时，很多国企高管如果更重视自我价值实现，甚至三观不正，视共有财产为己用，消费国有资产，利用职权自定薪酬，这些对企业的影响都是深重的。基于这一现象，国企高管薪酬的决定权具有了浓郁的行政性特征，常常用于人事任命为主的行政手段担负起了薪酬规制的职能。

（二）国企高管薪酬决定权问题的建议

在薪酬决定权问题上，尤其是决定权的设计问题上，应该以高管薪酬的合理性为前提，秉承权力分配与制衡的原则展开。目前的决定权及薪酬审核方式是遵照国有企业分类分级考核决定和展开的。国企高管薪酬由股东大会和董事会共同决定，股东大会的决定权力主要体现在制定薪酬标准、决定董事薪酬，而董事会则出具薪酬具体方案，制定公司内其他高管的薪酬。实际操作中，股东大会下可以设置薪酬委员会，由薪酬委员会进行具体薪酬标准的测定，交由股东大会同意后，再根据不同企业分类分级的要求，视情况报股东大会、国资委等部分进行审核。这样做一方面是把握大的方向原则，使股东大会拥有权力并行使权力，对其他机构起到权力的震慑效果，另一方面把一些细枝末节的薪酬细则交由董事会作为日常事务来完成，保证了其能动性。这一做法是时代的召唤，在现今的市场条件下最大限度地迎合了公司自治，即以市场调节为主，以法律介入为辅的要求。

在国企高管薪酬问题愈演愈烈，民众越来越关注和不合理薪酬现象日益突出的情况下，国资委印发了《中央企业负责人薪酬管理暂行办法》其规定：国有控股及参股企业中的国有股权的代表参照本办法，提出本企业负责人薪酬的调控意见，并按法定的程序分别提交董事会、股东会审议决定。也就是说：国有企业负责人薪酬需要满足薪酬管理办法文件的要求是前提，之后还需要经过公司的薪酬决定程序进行议决。至于可能出现企业负责人为职业经理人的情况时，采用双方磋商的方式确定。在协商的同时，从国企大多数为国家垄断性企业的角度考虑，职业经理人薪酬决定要考虑所在企业的垄断性性质，虽应考虑结合市场定价，但因为其企业的性质，自然会受到一些行政性因素的影响，不可能完全采用市场机制决定。有些学者也对行政手段干预国企高管薪酬的正当性提出过质疑：这样的过硬手段是否能促进国有经济健康自由的发展，是否应当适当作出改变。本书认为，以当前的市场经济情况来看，结合中国国企的特点，采取行政手段对国企高管薪酬的干预是非常必要的，很多国企高管具有公务员或者准公务员身份，与普通公务员相比，这类高管还具有领导地位，薪酬十分丰厚，不能将其与市场完全接轨；如果与市场接轨，他们一方面享受着高职位，一方面又引入了外部激励，这种做法实为欠妥。事实证明，行政手段干预下的高管薪酬比市场机制下的高管薪酬决策更有现实意义。

我国的市场经济在近年来充分发展，目前已经成为全球第二大经济体，但公司治理并没有跟上迅猛的经济发展，相反还有很多待完善的地方。在这种情况下，运用行政手段监督管理、股东大会与董事会共同决定高管薪酬问题是趋于全面性的考虑，其既能满足我国当前过渡时期的现实需求，又能适应现有的经济体制和市场制度的要求。其值得注意的是，行政化手段的介入需要考量定价的问题，在日本，国企高管的薪酬是参照公务员法来制定的，由国会协同人事院监督薪酬实施情况。参考国外的实践，认为行政力量可以对国有企业中具有公职性质的高管实现定价，其他类别的高管由公司薪酬委员会统一制定是可行的。以上是现阶段引入行政手段的必要性体现，但从企业长远发展来看，随着国企改革进入深水区，国企同市场紧密连接，公司治理的发展趋于完善，更多的国企推行职业经理人制度，充分引入市场决定机制，削弱政府行政任命造成的亦官亦商现象，只有打破两栖身份，合理的国企薪酬体系才能真正地建立。

（三）国企高管薪酬决定机制问题的建议

决策主体和决策权问题探讨完过后，下一步就是保证国有企业决定权得以实施的决策机制问题。决策机制目前还存在一些待完善的地方：一是公司法中规定定期召开股东大会，股东大会讨论的议题多为决定企业发展的议题，且参与主体具有发言权的多为控股股东，高管薪酬这样的问题是否属于公司特殊事项，表决人数、表决层级、需要多少票数通过没有详尽规定。如果只需要过半通过，高管薪酬常常为控股股东所控制[①]。公司法同样在高管薪酬的决议的权力细分上也没有明确规定，究竟是由股东大会决议还是董事会决议。另外在现代企业中，存在着董事和高管兼任的情况，这种情况下利益关系人是否需要回避等均无细致阐述。在我国的国企中，这类现象也极容易发生，企业的高管和董事兼任，其本身又具备一定的行政职权，这很容易造成高管自定薪酬。二是企业设置薪酬委员会独立性问题，如果薪酬委员会仍然受控于董事会，那么其等同于虚设部门，不能完全实现权力隔离。三是国资委的薪酬审查职责需要进一步强化。四是国有企业形态多样化，在薪酬制定过程中，要进一步加强非国有股东的话语权问题。五是保障机制下，妥善处理好国企高管的参与权问题。

现阶段我国效仿国际社会，引入了专业委员会制度、征集委托投票权制度，独立董事制度。这是公司治理长远的议题，我国国企高管薪酬的决定机制尚在摸索和发展阶段，想要走出符合中国国情的收入分配制度和机制，又能充分考虑到效力公平的分配机制任重而道远。目前的立法实践中对薪酬委员会和独立董事的设立问题有了一些初步的探讨。中国首次提出在上市公司设立薪酬委员会可见于《关于在上市公司建立独立董事制度的指导意见》，进而明确了如果企业设立薪酬委员会，薪酬委员会要对其履职情况负责，定期披露。薪酬委员会成员中的独立董事成员要有至少一半的占比，以确保薪酬实施的主体独立性。这是我国法律的初探，目前仅是

---

① 柴才，黄世忠，叶钦华. 竞争战略、高管薪酬激励与公司业绩——基于三种薪酬激励视角下的经验研究［J］. 会计研究，2017（6）：45-52.

在形式设立了专业的委员。当然我国薪酬委员会制度存在一定缺陷，究其根本还是权力的错位，薪酬委员会没有实际的决定权，只是提出议案权，在制定薪酬方案后也没有后评估机制，缺少必要的监督环节和问责环节，解决这些问题的关键不在于形式上的独立，而在于实质意义上的独立，如果薪酬委员会中的成员欠缺独立性保证，那么其很难发挥作用。本书认为，我国薪酬委员会运作所需的内外部环境与制度安排均是匮乏的。从权利配置低、法律位阶低、薪酬委员缺乏监督机制出发来研究，薪酬委员会也只是流于形式化的。薪酬委员会制度引入中国企业以来已经起到了一些成效，不能单纯以治理准则这样的文件形式加以界定，如果想长远健康发挥其效力，应将其纳入法律范畴，以法律的正式形式加以明确。薪酬委员会成员组成应该直接由国资委或持有一定比例股权的股东提名，并经股东会审议，薪酬委员会直接向股东会负责。薪酬委员会的未来发展在哪，事前决策事后监督机制在哪，我们要借鉴发达国家的一些做法。

借鉴发达国家薪酬委员会的做法，无非是两个方面的保障：第一是保障薪酬委员会的隔离独立，第二是保障决策程序的公开透明。美国就是利用立法的手段明确规定了薪酬独立性的要求。我国如果想完善和保证薪酬的决定机制，首先可以考虑股东大会下设立薪酬委员会，确保其职权，使其和高管具有同等的权利，这样可以排除高管对于薪酬制定的干预。如果出台法律需要周期和现实考量，那么以国企专门的引导性文件也可解决现实问题。然后薪酬委员会被赋予权力后，也有对其制定的薪酬方案和标准进行有效的说明和披露的义务。薪酬的披露事项要有企业的可研性分析，兼具企业长期利率等，必要时进行公示，接受全员监督。对高管的各项收入依据进行说明，对高管薪酬总额、构成比例等进行诠释。这样一来，通过披露事项的公开透明化，既能勤勉薪酬委员会尽职履责，又尽可能地免除高管的干预，一举两得。最后，有权力也要有义务，企业应该对薪酬委员会的工作情况进行事后评估，建立问责机制。

怎么样才能实现薪酬委员会权力的发挥呢？一要保证其薪酬决定地位，二要保证薪酬决定的独立性，二者缺一不可。如仅具备薪酬制定的考核权力，但无法保证其独立性，那么其只能沦为实权者的工具。没有独立性保障，当遇到风险时，独立董事也只有"用脚投票"。如仅具备独立性的独立董事组成的薪酬委员会，但无实际的权力，谈权力作用的发挥简直天方夜谭。薪酬委员会的独立性主要依托于独立董事完成，单就独立董事的独立性而言，法律已经给出了相应的制度安排：独立董事系公司薪酬委员会成员，系薪酬制定的主体，排除其作为激励对象的可能性。虽然不作为激励对象，但是独立董事依旧从公司中获得酬劳，鉴于独立董事多由社会上有声望或者有专业知识的群体组成，所以有人倡导用声誉激励来刺激独立董事，这种做法在一部分董事身上卓有成效，但作为理性的经济人，仅是依靠声誉激励机制这种有名无实的激励措施，是不能完全保证独立性的。独立董事在公司事务履职中存在的道德风险和逆向选择、进一步减少代理的成本等问题是现今独立董事制度难以实现的。

薪酬委员会独立性作用的发挥还要依托程序的正当性。我国现行法律尚没有对高管薪酬的决定程序给出明确的指导性意见。相对来说发达国家相关制度更加完善，美国《经营者薪酬和薪酬委员会的作用》《经营者薪酬：原则和评论》，就经营者薪酬设计作了明确规定。英国《公司治理的合并守则》对经营者的薪酬设计、控制程序作出了更为具体的规定。我国《上市公司股权激励管理办法》规定了股权激励计划的制定程序，其重要意义在于对作为公司高管薪酬主要构成部分的股权激励进行程序上的规范，程序正当性问题得到了合理的改善。当然，程序正当性的发挥还要与薪酬委员会的独立性等相互配合。国企高管薪酬的决定过程，需要克服信息不对称的实际困难。不同的公司薪酬决定机制中，基于掌握信息的绝对优势，高管本人经常会直接或间接参与薪酬的决定，并能对薪酬决策产生有力的影响。薪酬决定改革既要强调公司自治、运用法律和行政手段、股东大会的干预，又要考虑如何抑制信息不对称，这些都是高管薪酬决定机制改革的重要内容。基于以上的制度安排，要有效缓解独立董事单打独斗情况的产生，可以建立和完善独立董事库制度，以保证独立董事的独立性。董事库涵盖了多方学者和社会名流，此项制度应该由国资委牵头，建立考核制度，参与的社会各界人士可以自主报名，经过筛选后入库，或者由政府进行选派后入库。国有企业选择独立董事时不是自由支配，而是按照地域、行业等特点在独立董事库中进行类别的适合者选择。因国企数量众多，且掌握国家经济的命脉，应当由政府牵头，企业向独立董事库缴纳聘选独立董事的费用，独立董事要对独立董事库和企业负责。这里值得一提的是，独立董事很多为大学教授、退休官员等，往往身兼数职，且在自己的学术领域更为擅长，独立董事库制度建立的同时要设立薪酬顾问相关职位，以形成人才合力，薪酬咨询顾问的服务条款、聘用的相关费用，由独立董事会决定，这类咨询问题都产生于独立董事库，也能减少一些费用产生，避免国有资产的浪费。我国2016年《上市公司股权激励管理办法》的第35、36条等，对独立财务顾问也作出了规定。设立独立董事库的目的是更大限度地保证独立董事的独立性，保证其受雇于公司又具有自身的独立性，依法依规对国企高管薪酬政策制定程序执行独立的决策权力。

国企高管薪酬决定机制要强化国资委的审查职责。法律上明确了国资委对于不同国企的审查权限，但因其专业度不能完全适配每一个国企、精力有限、信息不对称等情形，导致这种审查往往流于形式。基于此，建议国资委可以委派专业机构对国企薪酬制定进行全过程监督，对方案实施必要的事前评估，从而提高专业性和可信度。同时国资委可以召集行业主管部门召开联席会议，听取行业主管部门的意见建议，从而敦促其全面更好地履职。

国企高管薪酬决定机制要保障非国有控股股东和职工的话语权和监督权。在国有控股企业中，因为所有者缺位及全体人民鲜少有行使监督权的动力和能力等问题，无法对薪酬问题进行有效的监督，故可以利用其企业中非国有控股股东和部分职工代表对薪酬决定机制进行投票及必要的监督。分别统计国有控股股东、非国有控股股东、职工代表的表决情况，对必要的建议予以采纳。

国企高管薪酬决定机制要全面平衡高管的薪酬制定参与权。法律的保障和规制不是非此即彼，而是要充分考虑各方需求和利益，也不可以矫枉过正。需要在薪酬制定过程中，充分考虑高管的需求，促成高管和薪酬委员会的合理交涉。

第三章 国企高管薪酬标准及设计问题

高管薪酬标准一直是国内外学界热衷讨论的问题，如何衡量企业高管薪酬更是讨论的重点。根据西方国家的一贯做法，企业高管薪酬标准主要是找一个参照点，即通过横向比较，判断企业高管薪酬是否超出市场预期，是否符合企业的发展规模和效应。这一做法在我国的相关研究中也使用得比较多。本章主要根据薪酬标准参照点问题的提出，对国企高管薪酬标准进行假设，并通过实证研究得出结果。同时按照企业分类分级进一步细化标准。

第一节 企业高管薪酬标准的问题提出及理论分析

一、企业高管薪酬标准问题的提出

依据时下的新观点——代理理论，是以最优契约理论为基础构架针对高管薪酬标准问题进行分析与研究。而实际研究的情况是传统理论不能与高管薪酬标准的设计完全契合，往往会出现偏差，非最优标准反而更符合实际情况，适用范围更广，契合度更高。根据管理层的权力理论以及经理人市场理论，相关的分析范式有了一定改进。但现有的企业高管薪酬标准研究成果不足以广泛适用于当下的社会环境，缺陷依然存在。就实际情况而言，经济学领域的研究更多一些，而其他学科领域涉及程度不够。国内外相关学者认为，企业高管薪酬标准的研究应该有更多的参照点。尤其是美国证券交易委员会对上市公司信息披露有强制性要求，所以关于高管薪酬标准参照点效应的研究变得越来越多。

近几年以来，关于企业高管薪酬标准的参照点理论，更加强调缔约方根据自身利益进行匹配，来衡量是否获得收益最佳值。现阶段在进行公司高管薪酬标准的相关研究中，更多地以参照点理论为基础，该理论已逐渐成为公司高管薪酬标准制定的一个关键因素。利用该理论来衡量自身利益得失，已成为公司高管面对薪酬标准问题时的必要手段。如果薪酬水平低于参照点时，公司高管会寻求并利用补偿机制来平衡自身利益损失。另外，受心理因素的影响，薪酬水平低于参照点时，会出现心理失衡状态，这也会驱动公司高管通过探寻补偿手段来实现自身心理平衡。因此，补偿机制已广泛成为薪酬标准制定的又一个核心影响因素[①]。然而，薪酬标准参照点的研究依然具有局限性，行业间、地区间的宏观比较研究较多，而具体的参照标准点如何确定与划分的微观研究，依然模糊。如薪酬标准需要涵盖哪些参照点，如何精准确立参照点等问题，依然没有相应的解决办法，薪酬标准参照点体系构架仍需进一步研究与构建。

本章提取了我国2013—2018年时间段的多家上市公司高管薪酬数据进行研究，得出国企高管薪酬标准制定的原理。研究结果表明，薪酬标准的参照点体系由外部参照点、内部参照点以及个人参照点三大板块构建。各个板块拥有独立的识别方法，能够系统地对高管薪酬标准进行界定。研究结果将内部参照点拓展为董事会内部参照点及高管团队内部参照点，各类型参照点都有着自己的识别方法，该研究结果起到了妥善地解决高管薪酬标准参照点确立与识别的作用，并能丰富薪酬决策部门及相关监管部门解决问题的手段与方法。

二、理论分析及研究假设

国外的研究者们在探究企业高管薪酬标准参照点时，大多从行业、规

---

① 金静，汪燕敏. 高管薪酬外部公平性、产权性质与企业风险承担［J］. 商业研究，2018
（4）：95-102.

模因素来衡量外部参照点，并以此研究薪酬标准参照点与高管薪酬之间的关系。近些年在高管薪酬标准参照点效应的研究中获得了理论性突破，随后在大量的实例研究中摸索到这样一个规律——外部参照点往往对公司在制定高管薪酬标准时的影响最大，薪酬决策部门会以同地区、同行业的公司高管薪酬水平为决策依据去制定本公司的高管薪酬标准。著名的Miguel的团队通过实例分析得出结论——大型企业、高薪企业成为薪酬标杆的可能性更大，多数公司在制定高管薪酬标准时，很少参考低标准公司的数据，更愿意提升本公司高管薪酬水平。James的团队采集了大量的美国资本市场数据，最终得出结论——同行业公司高管平均收入增长水平提升到10%时，本公司高管收入增长的水平将提升到1%。

高管薪酬标准参照点效应是否会对我国企业高管薪酬水平产生影响？是否在高管薪酬水平的决策中依然发挥作用？外部参照点是否为高管薪酬水平制定的权重因素？通过同行业比较、同规模比较我国部分企业后发现，我国与国外的情况不同：我国企业高管薪酬标准参照点由经济型参照点和行政型参照点构成。而后者是影响我国国企薪酬标准水平的重要因素。我国资本市场发展较晚，政府的薪酬管制依然在国有企业高管薪酬标准设计时起决定作用，而政府管制薪酬标准这一行为可归类到行政型参照点类型，属于政府薪酬管制的企业薪酬制定还会受到产权、区域经济发展水平的限制。区别于行政型参照点，经济型参照点的依据是横向比较同行业、同规模的公司薪酬水平[①]。另有学者另辟蹊径，用行业参照点与同规模参照点构建了外部参照点的变量模型，并最终证明了外部参照点效应真实存在[②]。杨蓉的团队则明确指出我国企业高管薪酬标准参照点会随着同行业参照点及地区参照点的变化而变化。郭淑娟的团队通过研究再次证明了产权因素对我国高管薪酬标准参照点的作用依然占比较高。综合以上研究成果与理论观点，本书提出假设1。

① 张冬，陈富永.论经济新常态下高管降薪与深化国企体制改革——基于"习李经济学"的思考［J］.理论探讨，2015（6）：95-98.
② 金晓燕.政府规制、公司治理与国企高管薪酬约束机制研究［J］.郑州大学学报（哲学社会科学版），2016（2）：59-63.

假设1：随着我国市场经济的发展，同地区、同产业、同产权、同规模等外部参照点对我国国企高管薪酬标准产生影响。同时，从心理学角度分析，公司内部高管间的薪酬标准对高管的心理认知与薪酬水平诉求产生影响。在公司内部，董事会成员薪酬标准将会成为高管薪酬水平的比较对象。运用行为学相关理论探索影响我国高管薪酬水平的因素及其作用力，结论为——薪酬决策部门会依据董事会成员薪酬水平制定公司高管薪酬标准，这表明参照点为董事会薪酬标准。如若董事会成员薪酬水平高于公司高管，高管则会认为个人收益受损，心理状态将会失衡，随之而来的是工作状态不稳定及工作投入的减少。而其薪酬高于董事会标准水平时，则会提升主观能动性，有更积极的工作态度，能更有效率地投入工作[①]。以此得出结论，高管薪酬收入的高低取决于董事会成员的薪酬水平。董事会成员薪酬水平是企业内部薪酬决策部门制定高管薪酬标准的重要参照点。

以此类推，高管间的薪酬水平也是决策部门制定薪酬标准的重要参照点。高管团队中的领导者与其他成员的薪酬水平存在高低不同。当领导者的薪酬水平与其他成员薪酬水平差距较小时，不利于激发领导者的工作积极性。而薪酬水平差距较大时，又容易导致团队成员消极的工作态度。结合锦标赛理论的观点，适当的薪酬水平差距有利于提高团队工作效率与工作积极性。Larcker的团队采集了美国300余家企业的数据，整理分析后得出结论——领导者与团队其他高管之间的薪酬水平差距较小的，公司市值越低。马强的研究表明——一方面，薪酬差距的存在会激发高管团队的工作积极性；另一方面，薪酬差距的存在会提升公司的整体业绩。管理层之间薪酬标准的制定，关乎工作效率与企业发展，将薪酬差距控制在合理区间，平衡好高管间的心理状态，是一项重要课题。因此，董事会在制定高管薪酬标准时，往往会高于同产业、同规模企业的平均水平。至此得出结论，同产业高管团队内部薪酬差距标准是薪酬决策部门制定高管薪酬标准的重要参考指标。综合以上研究成果与理论观点，本书提出假设2。

假设2：董事会成员的薪酬水平和高管团队内部薪酬差距等内部参照点

---

① 黄浩.国有企业高管人员薪酬管理创新研究［J］.生产力研究，2010（11）：187-189.

对国企高管薪酬标准产生影响。高管的薪酬收入高低一定程度上代表着高管对其自身收入状况的心理感知。高管对个人收入能力的感知一般以过往的薪酬收入水平为判断依据。高管薪酬水平的高低，是对其身价的一种体现，这将决定其在行业中的影响力与话语权，同样也会影响到高管所在企业的利益。徐玉德团队将薪酬参照点设置为高管各阶段的薪酬收入，通过研究发现高管的薪酬波动内容包括同职位比较与自身过往收入比较，高管薪酬波动将对企业风险行为产生影响[①]。

当高管薪酬水平高于以往薪酬水平时，其心理状态将会达到平衡点，主观能动性会被激发，个人权利诉求得到满足，这会促使其工作水平不断提高，最终为企业效益带来更多提升；同理，高管实际薪酬收入如果低于心理预期与过往薪酬收入时，其心理状态将会失衡，个人权利诉求未得到满足，这会导致其接下来的工作水平降低，最终导致企业效益遭受损失。因而，薪酬水平的提升是促进高管提升工作水平的有效手段，而薪酬水平的降低将会导致高管工作水平下降。张璇的团队依照逻辑学理论要求对薪酬水平参照点的确立开展研究，随后提出了薪酬决策部门在设定高管薪酬水平时会在一定的区间参数中进行测算，其中高管的过往薪酬收入是设置区间时的重要数据基础与衡量依据。也就是说，高管当下的薪酬收入将成为未来收入水平的衡量标杆。降低高管薪酬收入水平会造成高管心理失衡，导致其认为个人的利益受到损失；提高薪酬收入水平，会满足高管的心理预期与权利诉求[②]。

三、高管薪酬标准参照点的识别方法

当前对高管薪酬标准参照点的识别办法可以概括为三个方面：一是外部参照点的识别，二是内部参照点识别，三是个人参照点识别。

---

① 徐玉德，张昉. 国企高管薪酬管制效率分析——一个基于信息租金的分析框架 [J]. 会计研究，2018（5）：44-51.

② 张璇，郑乔乔，赵惠芳. 内部控制对国有企业高管薪酬业绩敏感性的影响研究——基于国有企业分类改制的背景 [J]. 华东经济管理，2017（1）：115-125.

针对现今外部参照点的识别方法差异，总结出以下识别办法：（1）以产业类型作为参照标的，通常选取同类产业中薪酬标准的平均值作为外部参照点；（2）以地理区域作为参照标的，依据行政区域的划分，以所在地区的薪酬标准平均值为外部参照点；（3）以企业规模大小作为参照标的，以同一产业、产值规模大体相近的企业作为衡量基础，按照薪酬标准平均值作为外部参照点；（4）以行政区域、产业类型、产权性质、企业规模作为参照标的，依据契合度与匹配度，取高管薪酬标准平均值作为外部参照点；（5）以薪酬收入的数据为参照标的，设置区间范围做外部参照点，以祁怀锦的团队成果为代表。上述五类外部参照点的区分方式互有长短，研究证明依据契合度与匹配度的办法作为外部参照点更具有优势，该方式以高管所在企业的产业、产权性质、行政区域、企业规模作为企业的横向参照标的，选取薪酬标准的平均值。

内部参照点的主要识别办法如下：（1）国企高管的薪酬标准参照识别，以陈承团队的观点为代表。即国企高管薪酬要考量高管个体的内在需求也就是显性的激励机制对其实现社会责任目标的作用也要注重共职务晋升，社会声誉等隐性激励，构建分类型、分层次、多元化的综合薪酬激励体系。（2）高管团队内部薪酬差异的研究，本书采用任广乾团队的理论观点。即上市公司中高管薪酬与企业业绩呈正相关。而国有企业高管薪酬对企业业绩影响较小，国有控股比例甚至会削弱高管薪酬与企业业绩的相关性。

第二节 实证结果与分析

一、描述性统计分析

自20世纪90年代起，欧美国家的高管薪酬就持续受到了国家和民众的关注，相关调查显示，英美一些大中型公司的高管薪酬是普通员工平均工资的30倍左右，这还不包括一些特殊行业存在畸高的现象。在1992年到

2000年之间，标准普尔指数显示高管们的薪酬已经上涨了2番，高管薪酬的增长速度远远高于普通员工。有人在1991年做过一项调查，公司大CEO的薪酬大约为普通员工的140倍左右，在2003年该比例甚至已经达到了惊人的500倍。随着2008年金融危机的爆发，企业已经不堪重负，但高管薪酬却达到了空前的水平，其没有因为企业的不得力而受到影响，有些甚至不降反升。这与企业的经营业绩严重脱钩，自然引发人们思考，高管薪酬的制定标准到底在哪？解决这个问题还需要从经济学的角度进行必要理论和实践的统计分析，进而在法律上给予制度供给以纠偏。

二、实证性统计分析

据数据显示，在2013—2018年，通过中位值的评标办法分析来看，我国上市公司的高管薪酬水平整体呈上升趋势，其中均值由2013年的42.14万元上升至2018年的67.82万元，增长了37.21%；中位值由2013年的32.59万元上升至2018年的54.16万元，增长了66.18%。根据2013—2018年上市公司不同产权性质下高管薪酬的变化中可以看到，非国有企业高管薪酬水平低于国有企业的高管薪酬水平。据统计2013—2018年，高管薪酬水平增长速度最快的产业为房地产；交通运输、仓储和邮政业是所有产业中均值最低的，表明这三类产业中高管薪酬水平提升速度相对落后。另外，租赁和商务服务业中位值居各大产业之首，可以看出该行业在2013—2018年高管薪酬水平提升速度最快；农林牧副渔业中位值在所有产业中居于末位，表明该行业高管薪酬水平增长速度放缓。

第三节 国企高管薪酬标准的原则性建议及设计流程

一、国企高管薪酬标准的原则性建议

一是科学地识别和认定国企高管薪酬标准的参照点。通过上述论证可

以确认，国企高管薪酬标准参照点由三部分构成。第一部分是涵盖行政区域、产业性质等标的的外部参照点；第二部分是参考董事成员薪酬标准等因素构成的内部参照点；第三部分是高管过往薪酬比对的个人参照点。首先，围绕构成标准参照点的三个方面，国有企业可以更好地在政府部门的指导下进行高管薪酬制度改革，提升企业运行效率，完善企业运行机制；其次，对于其他类型的企业来讲，同样可以围绕这三部分参照点决策公司高管薪酬标准，做到公平、科学地设计高管薪酬标准；最后，高管可以依据以上三个维度，明确个人薪酬水平，确定个人利益得失。在进行薪酬调整与薪酬谈判时，做到有的放矢。因此，建议高管薪酬决策部门把握好外部、内部及个人三个维度参照点的识别与认定，以此进行薪酬分配设计，制定高管薪酬标准。如果仅注重单方面的参照点使用，忽略了其他参照点的作用，将会造成诸如董事会内部薪酬分配失衡、高管团队内部薪酬标准水平差距过大等情况出现，对企业的发展造成负面影响。

二是强化国企对高管薪酬参照点使用的监督与管理。企业在使用高管薪酬参照点的过程中，以奖励机制为前提，以激发高管动力为主；高管个体在使用薪酬参照点的过程中，以满足个人需求为前提，以自我利益最大化为主。因此，政府相关部门应对企业薪酬标准参照点的使用情况进行监督与管理，以防薪酬标准参照点的过度使用及不合理的运用。公平、合理地确定高管薪酬标准才是企业健康发展的动力和源泉。

三是加强对国企高管薪酬信息的披露与监管。目前的国企高管薪酬信息披露制度存在着诸多不足，例如企业使用的高管薪酬标准参照点信息披露不充分、高管薪酬构成内容信息披露不完整、高管个人的相关信息（诸如工作经历、学历程度、职务、任职期限等）缺失、企业信息披露滞后等情况普遍存在。因此，政府相关部门应当发挥其监督与指导作用，加强对企业高管薪酬信息披露情况的重视与管理，以期形成有效的高管薪酬信息披露机制。

四是重视国企高管心理状态及利益诉求，恰当调整薪酬水平，充分发挥薪酬提升带来的激励作用。高管心理状态将影响其行为方式，当薪酬水平在参照标的之下时，高管会采取一定的行为来弥补其所遭受的损失，例如通过加大在职消费找回心理平衡甚至是直接选择离职等。在此时提升高管薪酬水平作为激励，则会减少高管的在职消费欲望并降低离职率。因此，建议企业重视高管心理状态及利益诉求，有针对性地提升高管薪酬水平，激发高管主观能动性，提升工作效率。同时，建议企业定期采集外部参照点的数据信息，适时、合理调整本企业的高管薪酬标准，保证高管具备良好的心理状态，提升高管对其薪酬的满意度。

五是审视并完善国企高管薪酬架构。当前国有企业高管薪酬结算内容包括基本工资与绩效奖金，大多数企业采取该种方式作为企业高管的薪酬架构。基本工资在满足高管诉求的前提下，绩效奖金部分可发挥其激励作用，促进高管工作效率提升。但其只能起到短期效果，而使用股权分红的方式进行高管薪酬奖励具有长期持续性效果。股权分红在近年来已经成为在我国上市企业的主要激励手段。值得关注的是，高管梯队持股比例依旧较低，如何提升股权分红的激励作用仍然需要探究。按照《关于深化国有企业改革的指导意见》中明确对高管进行分类分级管理的制度指引下，高管薪酬的设计标准和架构也应该按照企业性质的不同推行差异化的薪酬方案。第一类是竞争型国企，这类国企的使命是保障国有资产的保值增值，创造经济价值，所以需要其充分参与市场竞争，对高管薪酬的参考标准要充分考虑市场竞争的要素，使薪酬与企业经营业绩充分挂钩。这类企业高管任命的方式大体有两种，即国资委任命和市场选聘。通过市场机制选聘优秀管理人才成为公司高管，要充分尊重市场经济价值规律，发挥市场的能动性协商确定薪酬，法律不应该过多介入。而由国资委进行任命的高管，其具有行政官员的身份特点，薪酬要按照国家出台的政策文件要求进行设置，也就是由基本薪酬、绩效薪酬和中长期激励组成。对基本薪酬和绩效薪酬的数额和增长率进行限制，相加之和不超过职工年平均工资的3~5倍，增长率不高于企业的经营业绩。同时强化中长期薪酬的考核，确定中长期激励与企业业绩增长的相关性，但这项不设置薪酬上限。第二类是具有功能性质的国企，该类企业的特点是完成国家一些特殊任务或者战略性产业。促进国有资产的保值增值是每一个国有企业的使命所在，但这类企业相较于竞争型国企还有所区别，其业务范围既包括特殊业务，也包括一些垄断性业务，对薪酬的确定可以一分为二，对于非竞争性的业务参考设置基本薪酬和绩效薪酬，竞争性业务的薪酬除设置基本薪酬、绩效薪酬外，设置中长期激励薪酬，两者各有占比，计算薪酬时按各自占比相加所得，其中竞争性的薪酬增长率上限不高于企业经营业绩增长率。第三类为公益性质的国企，该类国企不以经济利益为目标，承担的主要社会职能是提供公共产品和服务，不参与市场竞争。这类国企大多数是国有独资企业，高管的任命方式为政府任命，承担一定的行政角色，类似于政府官员。基于这类企业及高管的性质，在薪酬设计上应该参考公务员的薪酬制定标准，设置基本薪酬，绩效薪酬的比例相对降低，不设置中长期激励，高管的激励以行政晋升为主。

二、国企高管薪酬标准的设计流程

国企高管薪酬标准设计流程中首先要明确国企高管属于人力资本，其薪酬标准需根据外部参照点、内部参照点和个人参照点进行确定。整个设计流程如下。

（一）国企高管的定位

高管在企业中担当着领导者与决策者的角色，是企业的核心竞争力，其具有不可替代性。高管的人力资源属于企业资本的一部分，以蕴含于人身上的各类生产知识、劳动技能、管理技能以及健康素质的存量总和为表现形式。企业高管以个人的工作能力与行业经验作为"资本"对企业进行投资，包括管理与运营，是企业中"资本"定位最高的群体。

（二）国企高管薪酬的影响因素

国企高管是人力资本，其薪酬标准的制定其实是对人力资本定价的过程，一方面对资本的定价必须要由"委托人"来确定，另一方面，对资本的定价不能只参考外部参照标的，诸如：企业文化、市场竞争程度、企业经营性质、企业所在行业特性、所处的阶段和规模、企业外部环境、监管环境等要素也应作为定价的参考标的。企业的产业类型、生产规模与企业效益、管理层的经营管理责任等方面均存在差异，那么高管薪酬标准必然存在不同。

（三）薪酬的构成

国企高管薪酬内容构成，首先是人力资本管理理论明确了国企高管作为人力资本的定位，按照该理论观点，有人力资本就应匹配相应的产权激励：人力资本，既是资本，其收益应为产权，而非工资（劳动报酬），这就要求人力资本在企业中要拥有产权。另外，人力资本还需要地位激励、成长激励、工作环境激励、成就激励等与其匹配。常见的高管薪酬构架为固定薪酬+绩效奖金+中长期效益奖金。固定薪酬为高管提供基本生活保障。绩效奖金也称目标奖金，是对企业高管的业绩奖励与激励机制。固定薪酬与绩效奖金的确定应参考外部参照标的薪酬水平平均值，且不超过员工平均工资的一定倍数。效益奖金是企业红利分配的主要方式，与绩效奖金均属于业绩奖励，也是激励机制的表现形式。长效激励薪酬以激励高管服务企业长远利益为主，主要包括虚拟股票、受限性股票、期权、养老金计划等，该类奖励薪酬的存在形成了薪酬杠杆，可提升奖励力度，同时能对企业高管起到一定的约束作用。福利包括法定福利、与职务挂钩的补充福利、在职职务支出（保险费用、保健医疗费用等）等，企业福利有助于提升企业高管的工作幸福度与权利诉求的满意程度。

（四）薪酬各部分的比例

国企高管薪酬各组成要素的比例能体现企业的主要导向，同时对激励效果产生重要影响。高水平的固定薪酬，会提升高管的生活水平，起到正面影响激励效果的作用；短期激励下降、长期激励上升，会促使高管长期行为的增加，正面影响企业的可持续发展；短期激励上升、长期激励下降，会促使高管的短期行为增加。因国家陆续出台相关政策，对基本底薪和绩效奖金均有倍数的要求，但目前没有确定三部分薪酬的比例，在竞争性企业中，应该着力倡导中长期效益的增加，其本身不设置门槛值，且能充分调动高管向着更长远企业目标努力。

(五)薪酬激励的目标

高管薪酬的激励效果发挥是否充分、企业效益能否不断提升、国企高管行为是否按照企业规划行进，既是高管薪酬体系设计要面临的问题，也是国企高管的绩效标准要解决的问题。设定国企高管薪酬激励标准，需要通过指标目标值设定与绩效指标选择两方面完成。绩效指标选择要考虑如何实现企业战略目标，要从分析企业外部环境和经营特征两个维度入手，在保证企业可持续发展的前提下，充分解析企业当期绩效目标实现的各方面因素，合理、科学地设计指标。从法律的角度来说，薪酬激励还要体现公正性，保持社会和谐稳定。

第四节 国企高管薪酬标准确定后的控制体系

一、国企高管薪酬标准确定后的控制原则

(一)相对业绩原则

在设计高管的薪酬标准控制体系时将外部参照点及内部参照点结合起来。首先要合理评价高管的价值及其创造的业绩，要纵向考量高管前一阶段的业绩水平，得到相对业绩数据，将相对业绩作为参考薪酬标准控制体系的必要因素。也就说薪酬设计上，要形成和上一年度或一定时期内的对比数值。其次需要横向考量其他高管的业绩水平，最终形成科学、合理的评价结果。我国国企大体可以分为功能型、竞争型、公益型三种，所以在设计国企高管薪酬标准控制体系时要考虑企业的外部环境构成和企业自身条件情况，结合高管相对业绩来设计，使得薪酬标准控制体系更能体现高管应有的价值。

（二）社会公平原则

企业按照员工创造的价值、作出的贡献来分配薪酬必然会产生收入差距，尤其是作为领导者与决策者的高管群体，理应获得更丰厚的薪酬待遇。就我国目前情况而言，企业高管与普通员工的收入差距不应过大，一方面合理确定职工收入有利于社会的稳定，另一方面过大的收入差距不利于企业整体工作效率提升。基于以上考虑，在确定高管薪酬标准控制体系时，要着重体现公平原则。要做到公平性，就要求我们将企业内部参照点与外部参照点相结合。兼顾企业所处的行政区域薪酬标准平均水平和企业所属产业的薪酬水平。法律条款中有不能超过员工平均工资一定倍数的规定在一定程度上体现了社会公平原则。

（三）目标整合原则

目标整合原则是指高管薪酬标准控制体系中的各分子间协同运行，完成企业既定任务。由于国有企业和高管个体在目标确定与路线行进时会存在偏差，因此，我们应将国有企业高管的个人利益最大化的追求限定在国家认可的范围之内，以此制定高管薪酬标准控制体系。在制定和发放的过程中，要适时对既定目标进行整合，对不合理的薪酬因素适当调整完善。

（四）长短期激励相结合原则

高管一方面要对企业的经营现状负责，同时也要维护企业的长远利益，促进企业的可持续发展。领导者的决策结果需要时间来检验成效，如果企业过度追求眼前利益会影响到高管的行为方式。短期的丰厚利润容易导致企业及高管放弃长远利益，所以在设计激励体制时，应注重短期与长期激励的契合，既能激励高管放眼未来，为企业长期生存和发展谋划布局，同时，也能让高管在短期激励机制下，保持良好的工作效率与工作水平。

（五）激励与约束相结合原则

在设计国企高管薪酬标准控制体系时，不能只单纯考虑激励作用，同时要使其具有约束作用。因为如果只考虑薪酬激励因素，可能会引发新的道德风险——高管在没有约束的情况下，会做出损害所有者利益的行为。据此，高管的薪酬标准控制体系中不仅要包括其保障作用的基本薪酬还要包括风险收入，使其与经营业绩适当挂钩，使高管承担风险，起到激励与约束作用。这部分应相应增大比例，以实现高管权利与责任的对称。还可以采用信息透明化的方法约束高管，所谓透明化就是信息披露的力度。总体来说就是通过公司内外监督管理来实现约束高管的目的。

（六）实用性原则

实用性是指设计出的国企高管薪酬标准控制体系能够实施，这就要求控制体系的结构与子体系都是完善的，并且要求控制体系能够根据各种影响因素的变化，随时更新控制体系，使之更加适合企业需求。

二、国企高管薪酬标准确定后的控制体系架构

（一）控制目标

国企应该结合企业利益诉求及发展愿景来完成高管薪酬标准确定后的控制体系架构。高管薪酬标准确定后的控制体系将成为高管行为正面影响企业效益的重要推动力。高管薪酬确定后应在以下几方面起到正向作用：一是高薪养廉的作用。二是促进高管团队内部协同关系的作用。三是激发高管群体主观能动性，提升工作效率的作用。四是起到促进企业可持续发展，提升企业竞争力的作用。以上几方面为国企高管薪酬标准确定后的控制体系的总目标及具体要求。根据目标的作用性，可划分为非财务目标与财务目标两大类。

第一类是非财务目标。正常情况下，国企高管薪酬标准确定后的控制体系要在提升高管群体主观能动性、促进高管团队有效运行等方面起到正

向作用。据数据显示，国企高管薪酬中的绩效与奖励额度只有在超过其个人年收入总额度的30%时，才能发挥激励作用。同时，国企高管社会地位较高、行业话语权较重，该类情况容易滋生高管利益诉求与企业利益间的矛盾，出现腐败现象。所以国企高管薪酬标准确定后的控制体系必须能够有效防范以上负面结果的出现。

第二类是财务目标。企业的财务目标以实现企业效益最大化为主要内容。高管薪酬标准确定后的控制体系的目标不能局限于实现企业效益最大化，还应保持高管薪酬与企业效益的有效契合，即企业效益越好，高管薪酬收益越大；同理，企业效益越低，高管薪酬收益越少。

（二）控制主体

高管薪酬的控制主体包括一切内外部参与到薪酬方案制定过程中的人。一般情况下，内部控制主体主要表现为公司的管理层，其中包括控股股东、一般股东、股东大会成员、董事会成员、监事会成员、人力资源部成员、计划财务部成员、薪酬委员会成员、独立董事成员等，外部的控制主体包括国资委等政府部门、社会群众、专业人士、新闻媒体等。

（三）控制方法

控制方法主要有目标控制、嘉奖机制、绩效考核、管理分析等。目标控制以初期的设计规划为依据，把握该体系的开展情况。嘉奖机制与绩效考核是确定薪酬标准体系时常用的方式方法，具有较高的科学合理性。控制框架中的要素各司其职、顺畅运行离不开以上几种控制方法的运用。

（四）控制流程

国企高管薪酬标准确定后的控制体系实施可分为事先控制、事中控制和事后控制。事先控制包括制定薪酬标准控制和保证控制体系实施的机制、提出高管薪酬标准确定后的控制体系的目标，对高管薪酬的信息披露等；事中控制包括管理分析、绩效考核等内容；事后控制包括控制体系在实施完成阶段所形成的分析与总结报告，依照分析得出的结论，调整与完善控制体系中的各个环节。同时还应该包含一定的司法审查和薪酬追回机制的设计。以上为设计国企高管薪酬标准确定后的控制体系架构的流程。

三、国企高管薪酬标准确定后的控制体系设计

（一）薪酬标准管理控制体系

国企可分为三类，这主要是根据国企的国有资源配置和企业属性决定的。一类为功能性的国有企业，这类国有企业有着鲜明的特征，其掌握着国家的垄断行业和战略性产业，这类国企的高管就有别于其他企业，因其主要是国家委派其行使高管职能，背后有国家的政策支持和保护，高管经营企业更多的是履行社会责任，有些具备行政级别，亦官亦商的双重身份，使得他们的考核不完全依赖于市场机制，因其获得收益主要是依靠国家的资源型匹配，所以这类企业高管不能完全以市场业绩考核作为其薪酬的制定标准。另一类企业通过股改上市，同其他企业一样处在经济的竞争浪潮中，这类企业的高管要充分考虑其能力、价值，因为这类企业往往被专业人士所把持，所有这类高管要参考浮动绩效考核标准制定薪酬，充分发挥其能动性，使其参与到充分的市场竞争中去。再有一类就是公益性的国企，其主要提供社会的公共产品和服务。随着国企改革的不断深入，国家已经将这三类高管制定了区分标准，具有功能性行业的高管，也就是具有亦官亦商色彩的国企高管，要参考公务员或者按照级别参考事业单位的薪酬标准，而另一类充分加入市场竞争机制的高管则参考企业中的CEO等综合制定薪酬，第三类则处于前两类之间，具体的制定标准前文已提及，此处不再赘述。

国企高管的薪酬构成应该满足高管薪酬制度的基本要求，一个成熟的激励体系奖励与约束相结合。高管薪酬发放采取年薪制的模式，一般按照公历一年为考核周期，有些企业为了维护高管的忠诚度，有时候也会部分延迟发放年薪，究其根本这都属于短期激励的一种基本薪酬，主要是满足个人和家庭的衣食住行等基本生活保障。另外，还要有竞争的差异性薪酬，这类薪酬主要依托于高管的自身价值和能力人尽其才，综合考虑高管的学历、工作经验、资源能动、能力水平、人员口碑、决策能力等，企业

应该设立奖励性薪酬，用以奖励高管因自身优势和工作能力给企业带来的收入，这也是满足按劳分配的基本原则。除了高管自身的资质和努力外，一项重要的考核标准就是和公司业绩挂钩，根据企业当年度的经营和盈利情况发放高管薪酬，企业盈利，则高管享有相应的奖励性报酬，公司业绩亏损，则高管应该同企业共同承担，这就避免了2008年经济危机发生之时，许多公司连连亏损而高管薪酬维持不变或者不降反升的情况发生。公司业绩考核虽然有一定的滞后性，但其有确切的财务报表和公示内容作为支撑，有公正的评判标准。除此之外，让高管关心的还有福利的设计和发放，用以满足其提高生活水平的薪酬追求。

（二）信息反馈管理控制体系

信息反馈是薪酬管理控制体系中反映披露事项的一项反馈。反馈的主体主要来源于内外部，一方面是企业中所有在职员工的信息反馈反映公正性的需求。这些信息来源于控股股东、一般股东、公司董事、经理、副经理、财务工作人员、法律部门等，另一方面还要有来自外部的声音，寻求专业机构譬如政府、审计、舆论监督和普通群众的反馈，以下所提到的反馈均来自上述主体。

一是期初信息反馈。其来源于充足的市场调研、企业经营的国际国内重要信息可研报告，也来源于企业所制定的战略目标，这个称之为事前准备阶段。在制定高管薪酬之前，要充分调研当下市场环境，薪酬制定的方案可实施与否和可操作性，结合企业的经营目标来制定高管的经营目标，使二者有机结合并相互牵连。企业的薪酬委员会在进行类似调研的同时，要形成调查报告提交企业内部审计部门，审计部门进行反馈意见，相关部门再报国资委等进行审核，如果通过则以此作为企业高管薪酬的发放标准，如果审核不通过会提出质询，经修改后再做定夺。

二是期中信息反馈。薪酬管理体系一旦被确立下来，就要在企业中实际发挥作用了。这一时期是最关键的时期，因为在薪酬体系施行的过程中，难免会遇到内外部经营情况和经营环境的改变、企业经营策略的扭转、人员和职位变更、薪酬偏差等情况。所以就要对信息的披露期限、披露的环节、披露的内容、内外部披露进行细化的规定。首先是披露期限，期限分为月度、季度、半年和年度。前面说过企业高管采取的年薪制，但并不是一年发放一次薪金，而是每个月给予一定的薪酬配比，这部分薪酬要求按照发放频率按月进行披露，以保证其实时监测的可能性。披露的环节就包括财务和实际经营情况、误差性分析，最后结合报告和误差分析来出具绩效报告，依据考核订立和修正高管薪酬。

三是期后信息反馈。期后信息反馈有些后评估机制在里面，在经过期初和期中的信息反馈后，期后的反馈主要是找到现有薪酬制度中存在的漏洞和缺失，对期后的薪酬进行必要评价，以便薪酬委员会在下一个会计年度的薪酬制定方案中加以修订。

（三）监督管理控制体系

监督管理体系主要是基于薪酬标准制定和信息披露体系开展的监督体系。监督的主要举措有：首先，建立薪酬委员会。这是本书一直倡导和提倡的，薪酬委员会系董事会项下的专业的薪酬委员会，为确保监督机制的有效实行，应保持其独立性，独立董事需要占薪酬委员的一半以上，且本书建议将其设立在股东会下，对股东大会负责。其次，规范利用职权潜在消费。国企高管亦官亦商的色彩为其创造了利用职权消费的可能性。同现金的薪酬形式比较，这类消费更加隐蔽，法律难以对其进行有效监督和监管。对于利用职权消费的高管，企业应当设立专门的监督机制，譬如设立董事长信箱制，保护监督体系中的监督人利益。再次，加强监事会的监督力度。效仿德国的做法，监事会在公司中独立行使职权，我国目前尚不能实现，但是监事会要发挥其本身的监督管理功能。监事会的成员组成要与薪酬委员会成员组成无利害关系和亲属关系，保证其能独立地行使监督职权。最后，切断不合规资金来源。国企高管在进行财务报销的过程中，可能会存在虚开发票报销或者收受薪酬方案外的报酬。因为高管是公司的管理层，有类似做法的时候不容易被察觉，这就要求企业完善内外部财务审查制度，对于每一笔不合乎逻辑的薪酬入账追查到底，防止权力滥用，也防止因高管个人行为对国有资产造成损失。

第四章　国企高管薪酬信息披露的法律规制问题

在我国，国企高管的薪酬决定权有很大一部分处于董事会手中，而国企高管很多都兼任着董事长、经理、董事等，在职位方面存在着一定冲突。由此，国企高管的权力会变得集中，他们可能会对薪酬决策进行直接干预，形成一种比较典型的自我交易现象①。这就需要从法律层面规定国企高管的薪酬信息披露机制，增强国企高管决定过程的透明度，使其能够接受股东和民众的监督，从而使高管激励机制发挥出最大的效用。本章主要探讨国企高管薪酬信息披露的法律规制问题。

第一节　国企高管薪酬信息披露的立法和优先权问题

如今，我国国企高管薪酬过高的问题受到社会各界的关注，为增强激励机制的作用，我国公司法改进了薪酬决定的设计，但收到的效果甚微。有学者指出，加快国企高管薪酬信息披露的立法进程才是当务之急②。国企高管薪酬信息必须要接受公众监督，以确保社会的公平正义。高管信息披露自身就是一个很好的监督手段，能够解决高管自行交易的问题，减少高管与股东之间的冲突。相对来说，我国国企高管薪酬信息披露主要存在两个方面的问题：一是立法问题；二是优先权问题。

---

① 万媛媛，井润田，刘玉焕. 中美两国上市公司高管薪酬决定因素比较研究 [J]. 管理科学学报，2008（2）：100-110.

② 金晓燕. 政府规制、公司治理与国企高管薪酬约束机制研究 [J]. 郑州大学学报，2016（2）：59-63.

一、国企高管薪酬信息披露的立法问题

对于市场的有效程度来说，信息对称属于一个必要的前提，如果信息出现不对称的情况，会产生较多的问题。在国企高管法律规制的过程中，信息不对称很可能会产生新的代理问题。国企高管相对于市场来说，属于理性经纪人，所以他们在信息博弈的过程中，有着很强的主动性。股东监督国企高管往往会付出较大的成本，所以这种信息不对称的情况，短时间内还是很难改变的。为使股东和高管的目标趋向于一致，则需要对薪酬方案进行合理的设计，例如通过激励机制，使高管的薪酬能够跟企业的业绩相挂钩。国企高管薪酬问题本身就是代理问题里面的一个组成部分，若高管控制了董事会，则薪酬激励很难去解决代理问题，还有可能加大代理问题。

自20世纪三十年代以来，各国的公司高管薪酬持续上升，但关键点是利用信息不对称这一因素达到薪酬上升的目标。自利是高管固有的人性，这种天性往往会跟高管的勤勉义务有冲突，通过一些造假手段得到高薪，这种高薪属于不合理的薪酬。对于股东来说，鉴别高管薪酬是否合理的能力相对有限，因此在很大程度上会受到高管的控制和投机取巧[1]。当然，高管会注意来自外界的一些压力，他们会保持低调，还可能将一些其他的名目混合进薪酬里面，以达到混淆视听的目的，例如在职消费等。此外，高管还懂得使用一些新型的激励方式来提高薪酬，例如限制性股票等。所以从世界范围看，如何加大高管薪酬信息披露已被各国所重视。

企业高管的信息披露需要考虑到信息的成本问题。有学者认为高管薪酬信息披露，能够降低股东对高管的监督成本，强化股东的理性监督[2]。此外，公司高管薪酬信息如果能够强制披露，则公众可更多地了解公司高管

---

[1] 李玉霞. 高管薪酬差距、内部控制和盈余管理——基于公平感知度的经验证据 [J]. 财会通讯，2017（3）：69-74.

[2] 程支中，郑景丽，吴博. 垄断型企业高管薪酬激励改革的困局与成因分析 [J]. 湖南社会科学，2015（1）：128-133.

信息，监督范围和监督主体会变得更广，例如公众可以加入监督的行列，此外，政府和相关媒体也可以加入监督的行业。根据相关实践结果，公司高管薪酬如果能够真实而及时地进行披露，监督会变得更加有效。美国公司的高管薪酬披露，得益于证监会的提议，在推动美国股市改革的过程中，加入了公司高管薪酬披露制度，由此解决了股东和高管信息不对称的问题。

当然，高管薪酬信息披露首先要得到高管的许可，因为这可能会牵涉到商业机密。这是一个客观存在的问题。德国、日本以及我国，都比较重视个人财富方面的隐私，而公司高管薪酬信息实际上还算是比较隐秘之事。对于企业来说，公司薪酬方面的相关信息，可能还会涉及商业机密，打破人才战略的部署，如果完全公开，很可能丧失市场竞争优势。在这种情况下，如果公司高管薪酬信息披露缺少强制性，那么很少会有高管去主动披露自己的信息。但是相对于整个社会来说，披露公司高管薪酬信息还是非常有必要的，这种做法能够使高管薪酬的制定得到一定的借鉴。纵观世界各国关于公司高管薪酬披露的立法倾向，基本都是强制性的，我国国企高管薪酬信息披露同样如此。

二、国企高管薪酬信息披露机制的优先权问题

如今，我国国企关于公司高管薪酬规制涉及的法律最主要的是公司法，此外还有证券法以及税法等。在规制的过程中，既有决定高管薪酬的部分，也有信息披露部分，还有股东诉讼部分以及会计审核部分，等等。这就涉及一个优先权的问题。即信息披露能否得到优先执行，或是其他部分进行完之后再执行。例如国企高管薪酬的决定部分，涉及薪酬激励模式的选择，还涉及薪酬决定权分配。有些国企会设立薪酬委员会来应对公司高管薪酬决定，这也是英国和美国等国家的常用做法，我国国企在这方面进行了较好的借鉴。但有一点需要注意的是，薪酬委员会在决定国企高管薪酬的时候，需要掌握高管的一些信息才能实现更好的决策。因此国企高管薪酬信息披露应该优于薪酬决定部分，这个优先权问题是需要立法者考

虑的。如何保持信息对称是提高国企高管薪酬决定成效的关键点之一。

股东诉讼制主要存在于股改后的国企中，股东若不满公司高管的薪酬额度，有权提起诉讼，以维护广大股东的权利。股东诉讼部分和高管信息信息披露部分相比，高管信息披露依然应该享有优先权，因为股东只有了解公司高管薪酬信息，才能做出合理与否的判断，信息披露应在先，才会有股东诉讼的发生。而对于会计审核部分，则对公司高管信息披露的影响相对有限，这一点可以不做考虑。总体来看，国企高管薪酬信息披露的优势还是比较明显。一是高管薪酬信息披露，可以降低中小股东依赖高管的程度。二是股东并不是专业人士，让他们去决定高管薪酬，有可能被高管所利用，所以国企高管信息有效披露，有利于减少信息不对称的劣势，让股东掌握到更加有参考价值的信息，以形成更科学的决定结果。而站在高管的立场看，他们自身的薪酬信息披露能够增强民心民意，提高自己的社会名声，这对日后的晋升也有一定好处。由于薪酬信息披露不及时或拒绝披露而导致高管"下台"的例子不在少数，例如美国通用电气公司的高管杰克·韦尔奇就因为拒绝公开自己的薪酬信息，在巨大的社会压力下被迫辞职。三是高管薪酬信息披露能够减少监督成本，有利于股东通过更深入的监督，维持自身合法权益，并形成良好的监督环境。

第二节　高管薪酬信息披露立法和优先权问题的域外启示

一、美国关于企业高管薪酬信息披露的启示

美国的股市起步较早，但是早先的股市充满着各种不良行为，且政府对股市的监管措施缺失，造成了股票市场的秩序混乱，造假现象和炒作现象不断涌现，许多企业的社会诚信开始丧失，更不用说信息披露了。随着美国《证券法》与《交易法》的相继出台，股市才开始逐步走向规范，信息披露制度被提上日程，经过不断的改进，美国公司的信息披露制度成为

世界上相对完善的信息披露制度，被许多国家所效仿。美国证监会严格要求上市公司的信息披露要包含高管薪酬信息，该要求在半个多世纪以来一直存在，还进行了持续的加强，成为美国公司信息披露制度中的一个重要组成部分。1952年，美国证监会要求上市公司高管的薪酬信息披露要通过独立表格完成，表格是薪酬信息披露的唯一格式，由此使公司高管信息披露形成了统一化的管理。一直到现在，表格披露依然是美国公司高管薪酬信息披露的最重要方式之一，另外一个为叙述性披露。

对于美国公司高管薪酬信息披露的这两种方式来说，各有长短。表格披露的历程较长，从1952年开始实行，其后经历过多次改进。但总的来说，表格披露的方式通常较为复杂化，相关的规定也比较细，其实用性引起较多的争论。直到20世纪八十年代初，美国证监会调整了表格披露的方式和范围，要求上市公司高管的现金薪酬使用表格披露，而另外的薪酬要求通过叙述性披露的方式进行。然后随着中长期股权激励在公司高管薪酬里所占的比例日益增大，叙述性披露的主观性和片面性的弊端也逐渐凸显，不能准确而客观地对公司高管薪酬进行反映。

到1992年，美国证监会进一步修改了公司高管薪酬信息的披露规则，专门加入了绩效图表，力求使高管薪酬信息披露趋向于多样化，形成更加详细的说明，由此表格披露方式重新回到高管绩效薪酬信息披露的领域。表格披露和叙述性披露的主导方式交替更迭，反映出公司高管薪酬信息披露还需要更好的综合型披露模式，单一化披露模式已难以满足现代公司的发展需求。基于辩证法立场，美国证监会原先采用的两种披露方式分开运行，一个主管现金薪酬，一个主管非现金薪酬，反而暴露出各自的短板。于是，美国证监会才开始尝试将两种方式相结合，力求公司高管信息披露更加全面。1992年是一个分水岭，美国证监会对信息披露规则的修改，使得公司高管的绩效信息有了更有力的披露方式。然而在随后几年里，该披露规则也引起了较多抱怨，这是由于规则的原则性很强，而且一些做法比较僵化，导致不少高管产生不满。为提高公司高管薪酬信息披露的效率，美国证监会在2006年再次大幅修改公司高管薪酬信息披露的内容、方式、对象，等等，并征求各方意见，得出了主要使用表格披露、适当使用叙述性披露的综合披露方案，受到了各方的称赞。该规定基于法律立场，强制赋予公司高管披露薪酬信息的义务，防止法律漏洞被利用，更防止公司高管逃避薪酬信息的披露义务。这一新规则使得股东及广大股民能够更加透彻地了解各上市公司高管的薪酬信息，还能为薪酬委员会提供决策依据。

表格披露还是具备较大的优势，根据2006年美国证监会所修订的规则，披露表格增加到了六个，分别是展示重要协议条款的表格、计算薪酬额度的表格、股票期权定价的表格、高管业绩表格、股票行权时间表格、计划性的薪酬表格。相对来说，表格披露较为清晰，方便横向比较各项信息，列入表格的薪酬有当前的薪酬信息、计划中的薪酬信息和退休后的薪酬收益预算等。而对于叙述性披露来说，主要是补充表格披露的一些遗漏咨询，形成补充的态势，更加具有灵活性。在美国公司高管薪酬信息的披露规则里，表格披露是核心所在，起到主导的作用。美国证监会还要求公司高管要通过叙述性方式和脚注方式去解释表格中的薪酬信息[①]。除此之外，美国证监会还规定了哪些高管应进行薪酬信息披露：一是公司的首席执行官，即CEO；二是公司的首席财务官；三是其他高管薪酬管理人员，其薪酬水平在前几位。总体来看，美国公司高管薪酬信息披露时限还是有着很严格的要求，必须要在年末统计中完成披露。叙述性披露作为一种补充手段，经常出现在薪酬委员会报告中，或者出现在公司治理的相关信息中[②]。薪酬委员会报告通常能体现出决定高管薪酬的决策，美国证监会要求这份报告也应进行披露。

自从2008年国际经济危机开始爆发以来，美国国会和证监会对高管薪酬的约束变得更加严格，尤其是金融公司的高管薪酬，由财政部部长进行决定，这一变革更是加大了高管薪酬信息披露的力度。2010年，美国由总统签署了《多德-弗兰克法案》，形成了更强大的资本市场监督体系，增强

---

① Janice Key McClendon.Bringing the Bulls to Bear:Regulating Executive Compensation toRealign Management and Shareholders'Interest and Promote Corporate Long-Term Productivity（New York:Wake Forest Law Review, 2016），p:779-789.

② Simone M.Sepe.Making Sense of Executive Compensation（New York:Delaware Journal of CorporateLaw, 2011），p:76-87.

了相关监管机构的权力，明确指出若公司高管薪酬存在与公司业绩的直接联系，则需要披露所有的相关信息，如分红信息、股权行使信息等[①]。这一法案在美国的出台，使得美国公司高管薪酬过高的问题得到了妥善解决。美国公司高管有责任和义务披露相关的薪酬信息，而且信息披露要完整，以图表披露为主，还要加上文字性的叙述进行辅助，让股东更全面而准确地了解掌握高管薪酬信息。虽然美国公司高管薪酬信息尚可改进，但总归迈出了扎实的一步。可以说，美国公司高管薪酬信息披露的经验，对我国企业尤其是国有企业来说，有着较大的启示意义。公司高管薪酬问题是公司治理的一部分，但还需要法律手段进行调适。美国在经济危机的非常时期，由国会和财务部插手公司治理，并推出具有决定性的法案，有效稳固了资本市场的运行，强化了公司高管薪酬的信息披露力度，这一做法值得我国学习。

二、其他国家关于企业高管薪酬信息披露的启示

除了美国之外，欧洲的许多国家关于公司高管薪酬信息披露也有着较为成熟的做法。英国公司法对董事需要披露的薪酬信息进行了规定，但相对来说这些规定还是比较简单，导致薪酬信息披露方式不统一。后来英国产业联合会提出了新的要求，规定英国的上市公司在提交薪酬委员会报告的时候，需要列入高管薪酬信息。这种做法对规范英国公司薪酬治理有一定的导向力，但这规定不是强制性的。因此在21世纪以后，英国不断从立法方面完善公司高管薪酬披露，使各方监督变得更加有效，推动了英国公司薪酬治理的不断完善。2002年，英国推出了《公司董事薪酬报告条例》，要求各上市公司的董事会，应通过表格披露的形式，完成公司高管薪酬信息披露事宜。2008年，国际经济危机爆发，英国开始实施限薪令，有效规制了金融公司的高管薪酬上限。

---

① Jennifer G. Hill. New Trends in the Regulation of Executive Remuneration ［J］. Directions in Trouble Times, Ross Parsons Centre of Commercial, Corporate and Taxation Law,2009：44-56.

德国公司高管薪酬的信息披露，其做法一般比较隐蔽。根据德国的《商法典》规定，公司董事和监事的薪酬信息要进行披露，主要是在财务报告里披露，这些信息包括高管的基本薪酬、奖金、福利性收入、消费津贴等等。自2002年以来，德国加大了公司高管薪酬信息披露的立法强度，规定了公司高管的薪酬信息披露义务。2010年之后，德国加强了公司法和商法典的改革力度，开始吸收美国的一些经验，将高管薪酬和公司的业绩挂钩，并从法律层面要求强制性披露，使公众能够监督公司高管的薪酬上涨趋势。

瑞典的公司法经过多次修改，完成了公司高管薪酬信息披露的相关细节描述。该国的公司法规定，公司高管应当向公众披露相关的收益情况，并体现在公司年度报告里面，至少要披露公司内薪酬排名最高的5位高管薪酬信息。2004年，瑞典证券委员会进一步作出规定，要求公司高管薪酬信息披露必须要符合公司法的相关规定，并由政府进行监督。

总体来看，欧洲各国关于公司高管薪酬信息披露的做法各有特色，但公司高管信息披露只是一种促进信息对称的手段，而不是万能的，有时强制性的要求可能适得其反，只能解决部分高管薪酬问题，并不能解决所有高管薪酬问题。通过立法促进公司高管薪酬信息披露，一定要体现出公正性，且能完善信息披露的整个流程。从这一点看，我国公司高管薪酬信息披露，也应注意立法的公正性，才能使公司高管薪酬信息披露更加合理。

第三节　我国国企高管薪酬信息披露的法律规制对策

一、我国国企高管薪酬信息披露的立法展望

在针对我国国企高管的薪酬管理法规中，上市公司的相关管理条例是较早被涉及的。为了对上市公司的高管薪酬进行有效监管，"公司董事、监事和高级管理人员简况、持股情况与报酬"就被写进了国务院颁布的条例中，即《股票发行与交易管理暂行条例》对于相关公司高管人员的信息

披露内容的规定。该条例实际上是证监会的实施细则的基础性建议，并进一步促进高管管理立法的进程。

随后，对于企业高管的管理领域不再仅限于股份制公司，而是进一步拓展到所有的公司类型，并被写进了修订后的《公司法》（2005年版），该法明确指出了公司与高管人员之间在报酬和股份持有变动之间的相互责任，实际是对于高管信息透明度的法律导向，但尚未成熟和细化。同年的《证券法》也对这方面提出了法律要求，却同样缺乏成体系的规范手段。

从这些规定的具体类型来看，对高管信息管理的要求往往以部门的相关规定和章程的形式出现，披露的载体以企业年报为主，披露方式依照已颁布的《公开发行证券的公司信息披露内容与格式准则第2号〈年度报告的内容与格式〉》（以下称为《年度报告的内容与形式第2号》）及其在各个年份的修订，还包括股权激励管理办法中提到的相关内容。此套操作模式是受证监会强制要求的，自1998年起证监会便已经注意到上市公司高管信息披露的重要性和必要性。

上文中提到的相关规定的内容也有一定的发展历程，不论从规定的覆盖面、严格程度，还是从详细性和体系化来看，经历过多次修订的年度报告正处于逐步完善的过程。最早的《年度报告的内容与形式第2号》在2001年就已经颁布，并持续修订到2016年，在此过程中，文件对于年度报告中高管需要汇报的内容不断地规范化，包括任期内不论离职与否的所有董事、监理成员以及高级管理者与公司之间形成的各种报酬和劳务往来总体情况，以及他们的总额加成并核查有无不正当关联利益的存在。在后期颁布的《公开发行证券的公司信息披露内容与格式准则第3号（半年度报告的形式与格式）》中，相关的规定内容也没有性质上的变化。这些内容反映出了年报层面对于高管人员信息披露的重视，但是其中更多细节未被要求公布，包括工资的具体构成部分、从公司处获得福利待遇情况，以及其他相关报酬等，而这些范围又是具有极大弹性的部分，成为信息披露规范化进程中的一个短板。

除此以外，在股份制公司发展历程中，为了更好地规范员工的股份管理，发挥股份激励的最大效用，针对上市公司的股权激励办法自2006年颁布之后，经过了十年的试运行才正式出台，并在此过程中不断摸索如何更好地公开管理。正式办法中可以发现，股份制公司对于员工的信息透明度做了更加详细的要求。文件中强调了上市公司的股权激励需要真实、详细的员工信息和公司操作信息，任何虚假、有误或者不及时、不公平、不准确的信息都应当被追究责任。体现在股权制的具体运行方面，就要求股东所提出的任何与公司利益相关的要求，例如召开股东会议、商讨各项股东激励议案、制定股份价格、股份制相关细则的变更，甚至于股份计划的终止等，均要通过信息内容的公布才能进入生效环节。同时，公布的内容涵盖了所有涉及的相关部门成员，包括董事会决议、财务意见、律师意见、监事成员的意见等。文件在后续内容中还指出了在披露过程需要注意的更多细则。

与年度报告中的相关内容相比较，股份激励计划中的信息披露显然涉及了更多在实际操作层面的细则，这也是由于股份制上市公司的自有属性，以公开透明来保障所有参与股东的权益。不可否认的是，股份激励计划将更多重点放在了信息披露的操作程序上。从第61条到第65条，该管理办法分别规定了财会方面的计算准则、价值衡量方式与体系、股权激励的费用计算和对于公司的收效影响；董事会对于受激励的股东的具体审议情况和实施条件；董事会和股东会议对于股票的处理决议和回购方式；以及其他股东相关的各方面期内权益等。另外，在股份交易领域还有部门规章，以及交易所的自拟规章中，都会对上市公司高管的信息披露管理起到督促和约束的作用。

在以上各个层面和涉及对象的共同促进下，我国针对上市公司的高管信息管理，已经形成了初具规模和体系的管理制度，并处于不断摸索实践中。现有的规定和管理规章中，对上市公司的高管信息透明度的要求更加细化，包括涉及主体的相应责任、操作程序、潜在关联的交易、利益内容、股权激励计划等。

综上所述，对于国有上市公司高管的信息披露管理在各种规章制度的制定中不断完善，并且以企业年报的形式公布公开，与之相关的各种股份的发行、招募和薪酬管理，以及年报的内容公布形式、文字书写要求等，均已在章程中有明确的体现。年报公布中，高管人员的薪资是要求最为严格的部分，公开内容规格最高，在证券招募和股份的交易过程中，此方面信息的管理则相对较弱，只要求提供总体的报酬水平。这一对比在《公司法》和《证券法》的细则和方向上也得到了体现，股东大会对于股东的报酬，特别是高管人员的薪资只有原则性的要求，更大程度上是为了体现公开的规定，而没有执行层面的可靠性。

二、我国国企高管薪酬信息披露存在的问题

（一）立法重视程度不够

尽管以上内容已经展示了我国在高管层面的信息披露法制进程，但实际上在立法效果上仍存在极大的进步空间。在社会舆论中，国有上市公司高管人员的高薪酬一直是被激烈讨论的对象。相关的基本法律中，虽然涉及了对于信息披露的重视，但效果均局限于指导层面，停留在对于公司执行的原则导向，而缺乏足够的执行威慑。证监部门所出台的股权管理办法同样没有细致到具体层面，例如薪资的公布要求也停留在总额。可以看出，不论是立法层面还是监管层面，对于国企立法管理都没有足够的重视起来，针对性法规的缺乏，以及实施执行方面的过于笼统化，直接形成了监管的缺位。这也就导致了现有的上市公司数据系统中，高管人员的薪酬部分长期处于隐形状态。相关学者对此进行的调查数据显示，2018年的国有上市公司中，有3.13%的董事长并未披露自己的年薪，相应的总经理的数据则更多，达到29.84%，有838家①。至于主动披露的信息超过相应规章要求的，则更是少之又少。目前我国关于高管薪酬信息披露的法律规范主要有《上市公司信息披露管理办法》《国有控股上市公司（境内）实施股权激励试行办法》《上市公司股权激励管理办法》《公开发行证券的公司信息披露内容与格式准则第1号招股说明书——招股说明书》和《公开发行证

---

① 潘卓，贾月伟. 行业管制、外部治理环境与高管薪酬外部公平性［J］. 财会通讯，2018（3）：77-81.

券的公司信息披露内容与格式准则第2号——年度报告的内容与格式》等。以上法律规范的出台使高管薪酬披露制度模式得以初步建立，但信息披露不够充分，仍有很大的立法空间。另外从前文的法律条款来看，信息披露主要集中在上市的国有企业，央企负责人薪酬披露制度由国资委下发通知予以披露，但非上市的国有企业信息披露仍然没有具体规定。

（二）信息披露内容分散

从已经披露的高管数据中看，这些数据的有效性也难以得到保证。根据《年度报告的内容与形式第2号》的相关内容，国有上市公司的确需要根据年报的要求，对于高管人员的薪资在年报上进行相应的公布，但这些规定对于各个公司来说并没有什么区别。从公司重要事项公布，到人员及其持有的股份变动，再到高级管理层的人员变更、财务流动等情况，都会提到高管人员的报酬问题。因此，想要搜集这些高管的具体薪资的构成部分，以及这些信息在年报中的披露水平，都需要调查者和投资人员从不同的年报中进行搜集，从而整理成对信息决策有作用的参考数据。这必然增加了非专业参与者的操作难度，以及相应的操作损耗。从披露的年限来看，往往只需要披露当年的薪酬情况，而没有与往年的对比分析事项披露，也未要求披露薪酬结构及每一部分的具体数额或对具体薪酬进行诠释。

（三）信息披露缺少可操作性

对于信息披露内容的总体特征，有明显的德国摘要披露的性质，即仅仅公布主要的和原则性的信息，在执行细则方面则比较缺乏。以股票激励计划中的公布情况为例，做出的要求停留在对于股权相关的变更程序、价格变化、权利执行等方面的总体规定。对于股权激励管理办法的修订，上市公司也并未做到立即执行，反而持续在观察程序。在财务层面所公布的信息数据，非专业人员想要进行解读，则必须求助于行业专家，因为公布的财务数据专业化程度极高，属业内专业术语。这些数据中，多数仍然是公司高管的薪资总体情况，而并未涉及这些资金的构成成分、来源情况、潜在关联利益等，由于证监会和国资委对相关披露要求没有细化，想要对薪资的具体成分进行比例分析，存在很大的难度。同时这些薪酬也仅仅只针对当期的公布数据，对于后期的退休执行水准、延迟标准以及在职期间的消费记录等，都没有涉及。这也就导致了国有上市公司在高管人员的薪酬层面，仍然具有极大的操作空间，员工的额外津贴、补助等部分都造成了信息公布的缺失，在这些工资构成中，是否存在与业务量的相互关联也属于未知领域。在公司的企业年报中，股权激励的相关信息对于该报告期内的相关人员信息统计不完全，现有的或已经离职的高管人员、董事会或监事会成员的股份变动、具体数额等情况，并没有被完全写入年报的公布信息中，也就无法完全达到信息披露的要求。尽管在《上市公司股权激励管理办法》的相关条例中，已经把定期的数据报告和相关的全面性、具体性导向写入其中，但从实际的国有上市公司的操作结果来看，其高级管理人员的工资水准披露情况并没有得到严格的操作执行，也没有针对不当操作的管理措施，导致法律对于现实情况的督促效果有限。

（四）信息披露的工具单一

我国国有上市公司使用的披露薪酬信息的工具较单一，效果不理想。相关文件对年度报告的内容和形式有详细规定，如"公司在编制年度报告时可以图文并茂，采用柱状图、饼状图等统计图表，以及必要的产品、服务和业务活动图片进行辅助说明，提高报告的可读性"而很多上市公司在披露高管薪酬信息时却鲜少用到表格，多数使用简要及概括的文字加以表述。只有在监事、董事等骨干人员变动持股涉及薪酬情况时，才会进行列举。用这种缺乏直观性的模式对薪酬信息进行披露，不仅不便于需求者认知，也不利于他们的分析与收集。

（五）信息披露的透明程度低

我国《年度报告的内容与格式第2号》在披露权限和范围上做了明确要求，只要求披露薪酬委员会的单方意见，在薪酬方案的制定过程、标准以及国家政策方面没有明确要求。另外，在是否要对委员会的人员相关个人信息进行披露方面也没有明确的要求。在第53条中明确规定，公司的董事、监事及高级管理人员的报酬决策相关程序和报酬确定的依据以及实际的支付情况必须做出披露。但是由于该规定极其简略，不够详细，因此，在实际工作中并没有起到任何实际的作用。譬如，在年度董事会报告中经常会对专业委员会的工作情况进行披露，但披露的内容多围绕高级管理人员的人事调动及高管薪酬的调整方案等几个方面，披露的内容过于单一且不够具体不够详细，对实际工作没有任何的指导和促进作用。然而，《年度报告的内容与格式第2号》第60条也没有做出非常细致明确的要求，只是要求披露对高管的考核机制、激励机制的建立和实施情况，对其他方面是否要进行披露没有明确要求。一方面，可能是立法者对专门委员会在上市公司中的地位和作用有着比较理性的认识，实际工作中，各上市公司的专门委员会也确实发挥了极大的作用和积极影响。另一方面，《上市公司股权激励管理办法》在薪酬制定依据和程序的披露规定上和以往相比确实也有很大的改进，但这一办法也仅限于对股权激励的要求，但其实际的实施效果还有待进一步观察。无论哪种披露制度，目前也仅仅是针对高管的货币性收入进行披露，对于高管可能涉及的在职消费问题，如公务用车、培训、业务招待、国内外差旅、通信等方面支出均没有完善的披露方案。

（六）相关责任不到位

由于国有上市公司的权力掌握在高管手中，从而导致高管为谋求自身利益而诱发误导陈述、虚假记账或者重大遗漏等一系列瑕疵信息披露行为。目前，在《证券法》中对于瑕疵披露的法律责任规定尚不到位，无法起到有效的控制高管瑕疵披露的行为。此外，由于信息披露的实际操作人是董事会秘书，与董事长相分离，导致信息披露存在责任主体不明确的特点，从而更容易诱发信息披露的实际操作者为了自身利益进行不当的信息披露操作。

我国《刑法》第161条对违规披露、不披露重要信息构成犯罪的行为进行处罚的力度尚不及《证券法》的规定严厉，仅规定对直接负责的主管人员与其他直接责任人员，处三年以下有期徒刑或拘役，并处或单处2万元以上20万元以下罚金。至于2016年的《上市公司股权激励管理办法》，受到其位阶的限制，第67条仅规定了责令改正、监管谈话、出具警示函等行政措施，对于涉及违法犯罪的，仍然按照《证券法》予以处罚，或依法移交司法机关追究刑事责任。

综上所述，对于国有上市公司高管薪酬的信息披露问题，我国行政监管、立法机关等有关部门需要给予充分的重视，将其作为一项特殊内容进行特别规定，而不是将其等同于普通的应披露信息一般看待。《年度报告的内容与格式第2号》是目前的规范主体，在确定依据、薪酬决策程序等方面给出了披露要求，是目前针对国有上市公司高管薪酬信息披露最为具体的要求。但是，该文件内容原则性过强，仍然没有明确关于薪酬的组成、委员会成员的独立性以及薪酬政策等方面的问题。此外，我国的披露规则仅要求披露报告期内高管已经从公司领取的薪酬，缺乏披露报告期之前数年的薪酬比较数据的要求，也没有针对递延薪酬和未来的薪酬激励计划的披露要求，明显的规则漏洞常被利用。《上市公司股权激励管理办法》（2016年）在股权激励薪酬形式的信息方面做了更详细的规定，但其面向的对象过少，对于进一步推动国有上市公司高管薪酬信息披露制度仍有一定的局限性。

三、我国国企高管薪酬信息披露的解决方法

对公司治理而言，有效的披露制度对薪酬更好控制管理以及提高公司治理效果具有突出作用①。若采取强硬手段使信息更广泛地披露，就可避免信息不对称现象的发生，信息透明度提高了，高管寻租成本也会提升，这样一来，股东在监督上便能降低成本，进而提高股东价值。有效的信息披露制度，尽管不是在直接水平上去管制和操控高管所得薪酬，但通过有效的规制，便能预防由于公正合理的制度程序缺失对高管薪酬引起的各种问题。通过公正有效的程序，避免了诸如自我激励、自我交易的不良行为。

---

① 罗培新. 公司高管薪酬：制度积弊及法律应对之限度——以美国经验为分析视角［J］. 法学，2012（12）：69-79.

这样一来，对于保证薪酬的公正性极具意义。对薪酬进行有效的信息披露，可以说是效果明显地管控高管所获薪酬的一个突破口和关键点[①]，通过上述的信息披露，产生的一个极其重要的结果就是，使得薪酬方面本具有利益冲突的决策变得合理合法[②]。

除了上述几点，如今的国际经济发展趋向全球化，国内的企业也要紧跟形势，布局全球，与国际规则接轨。在国际市场上，一些被普遍采纳应用的薪酬披露做法，难免会影响我国上市公司的全球化步伐。如果高管个人的薪酬不能及时且真实地加以披露，必然对整个公司的形象树立产生一定的影响，随之而来的后果就是，公司在国际上不会具有很强的投资吸引力。就国企中的上述问题，本书给出如下建议。

（一）重视立法，规范国企高管薪酬信息披露制度

在立法上，国有企业尤其是国有上市企业，应该针对性地通过一定的法律制度促进高管薪酬信息披露。为了更好地与国际接轨，可以适当参考一些经济发达地区或国家的做法。我国现存一些法律制度，比如《证券法》《公司法》等已经初步形成了信息披露的原则性规定，可以继续结合国际形势和国内的具体情况进行法律上的修订。修订的内容可以向更深更广范围延伸，且就具体披露事宜进一步细化。如目前披露制度的主要施行主体是国有上市公司，修订后要把非国有上市公司一并纳入需要披露的主体范围。再如要畅通公众获取信息的渠道，全体人民是国有企业的所有者，虽然其很难实现现实的企业管理，但畅通公众获取信息的渠道可以更好地监督高管薪酬。国资委等政府部门也可以通过其官方网站的信息公告栏进行信息披露。通过立法手段建立起完善的信息披露制度，并针对性地出台一些符合国情的规则来约束信息的披露，使得披露专业且全面，包含薪酬依据、确定程序等。通过合理、科学、执行有效的规则，专门化地进行管理，形成薪酬披露的一套完整系统，将会成为各个国企薪酬披露时参

①　张兴亮，夏成才.高管薪酬激励的经济外部性实证研究——基于债权人利益保护视角［J］.华东经济管理，2015（6）：134-140.

②　葛家澍，田志刚.上市公司高管薪酬强制性披露研究［J］.厦门大学学报，2012（3）：34-41.

考的重要基础和依据。国有上市公司在我国的证券监督和立法机构方面有相当大的影响力。目前为止，没有政协代表或者是人大代表，就薪酬披露这一问题提出过议案，倡导更严格的信息披露。究其原因，可能存在这些代表本身就代表着企业中的精英阶层，提出这样的议案可能与自身的利益有着一定的冲突。也可能存在其中很多代表对这一制度没有深刻的认识和了解，所以更不会主动提出相关的问题。目前而言，政府机构对这一问题较为关注，政府通过制度规定中央企业以及一些其他的国有企业的负责人的薪酬限制，也包含一些金融企业高管。不过这个行政手段，在面对千变万化的市场时还是有一定风险，一旦市场背景有所变化就不容易起到更好的效果。所以还是应当在立法这一层面上下功夫，可以以我国的《证券法》《公司法》为基础，把专门信息披露规则渗透进去，从而更好地管控国有上市公司，使其高管所得薪酬，能更真实有效地进行披露。

（二）结合全面披露与集中披露，提供高管薪酬信息的了解路径

全球范围而言，高管薪酬的发展趋势为全面披露和集中披露。但是我国的披露方式主要是摘要式、分散的披露，释放信息量少，很难使投资者全面了解相关信息，也无法满足他们的需求。国际上的发达国家，比如美国针对薪酬的披露方面规定在上市公司中，应该统一披露，披露的信息要包括其在当期产生的所有薪酬项目。对薪酬概述表也做出了相应的规定，明确了表中要体现的明细，如：股票、基薪、期权、奖金、企业年金固定收益计划的精算价值变化等，包括当期中递延薪酬产生的收益，以及其他的收入均在规定中详细列明，需要毫无保留全部披露。这就使得高管获得薪酬更公开和透明，公开的内容不仅仅展示了他们如何制定薪酬，薪酬是什么结构，还详细展示了各项收入，这样就使市场和公众能充分对其行使监督权，高管受到了一定制约和监督，机会主义便很难在这样的情况下发生。美国的信息披露内容还要包括退休的薪酬、养老金计划、其他离职后的薪酬等，任何一项都不允许遗漏。自2008年金融危机之后，那些接受了政府救助的企业还要披露所有获得超25000美金津贴的金额等信息。除了对职工的规定，企业中的CEO、CFO及收入最高的3位高管，都要求单独披露

薪酬相关的信息，这样详尽严苛的规定，使得信息极为透明，并且使得位高权重的高管们成为被公众重点关注监督的对象。

然而相对而言我国就没有如此详尽的规定了，证监会对国有上市公司做出的相关规定，要求披露的信息只是薪酬总额而不是明细，对薪酬包括的内容，只需要简单加以说明就可以了，详细信息没有要求披露，如此一来薪酬的结构还是不能被公众所获知。不仅如此，披露时只需要对其当期的薪酬进行披露，而延期的薪酬、其他的一些计划、以往年度的薪酬增长率等不做任何透露。披露高管薪酬总额是至关重要的，但这并不是全部，我们仍然需要披露高管薪酬的组成部分和各部分的具体数额，对其全部构成要素进行逐项披露，唯有如此才能更为清晰明了地知晓高管薪酬包含的具体内容。同时，高管薪酬的基本工资、奖金、公积金、保险费、职务消费等实际数额部分以及这些实际数额所占比例也需要披露。这样的披露方式是非常全面的，更利于约束国企为高管提供巨额薪酬。例如，高管有可能利用养老金计划无需披露的政策来增加自己的退休金或离职福利，由此会产生黄金降落伞的隐患。鉴于这种问题随时可能发生，我国应当公开高管退休金计划，单独披露养老金计划、养老金福利以及退休后的潜在报酬。再比如，由于我国没有强制性政策要求披露薪酬计划外的在职消费，某些在职消费没有纳入薪酬计划中来，导致这些消费情况没有披露，这个漏洞让我国国企的许多高管利用在职消费来增加自己的收入。因此，立法者应当更为理性地思考如何将在职消费纳入上市公司薪酬披露体系中来，同时上市公司也应当将差旅费、招待费、交通费等职务消费纳入公司年报的年度预结算内容中进行具体的、全面的披露。

需要特别强调的是，上市公司往往将股权作为激励高管的一种重要手段。由于股权激励效果特别突出，在我国的上市公司中应用得愈发频繁，这也成了高管问题薪酬产生的重要根源。为了有效地解决这一问题，2016年我国出台了正式的《上市公司股权激励管理办法》，落实了股权激励管理办法，要求国有上市公司全面披露股权激励的相关内容，如授权期、有效期、行权价格及调整价格等。尽管《上市公司股权激励管理办法》对股权激励做出了详尽的要求，但是规则上仍然较为简单，仅仅对股权激励的基本信息，现任及报告期内离任的董事、监事、高管人员在年初与年末所持有的本公司的股份、股票期权、被授予的限制性股票数量、年度内股份增减的变动量及变动原因、股权激励计划激励措施在期内的具体实施情况，然而这些内容并不能真正清晰且全面地披露出高管薪酬信息。这里要求有关信息应该必要详尽地披露，甚至于一些动态性的变化如当期价值等都需要体现在报表当中。通过动态、静态结合披露的方式，股权激励计划信息披露政策具有相当强的参考性，有助于我国找到更为适合的高管薪酬信息披露方法。

总而言之，一旦要求全面披露，就必须将国企薪酬制定依据、薪酬制定程序、薪酬政策制定过程、薪酬与业绩的关联度、较过去年度的薪酬增长率、中长期计划的执行情况等进行具体披露。比如，为了更为清晰地了解企业高管的薪酬情况，需要对高管薪酬进行纵向与横向对比，将普通职工的平均收入与高管的平均收入相比较这样才能更好地反映出高管的薪酬水平。如果能够将公司业绩和高管薪酬的相关度用图表较为清晰地披露出来，则更能准确地反映高管薪酬。目前，我国上市公司高管薪酬信息的相关规定仍不详尽，规则较为简单，对股权激励的披露要求也存在漏洞，那么就更应当鼓励上市公司自愿披露相关内容，为后续规则的完善起到更好的推动作用。

（三）完善信息披露工具，进行组合型披露

虽然我国制定了高管薪酬信息披露规则，但是相对而言，高管薪酬信息披露政策的完善性、丰富性仍然有许多不足。例如，没有硬性规定采取何种披露工具是我国披露规则中的一大弱点。美国采用的叙述性、表格披露、薪酬讨论与分析三个高管薪酬信息披露工具，不仅可以单独使用，也可以互相配合，能非常灵活地反映高管薪酬信息，在形式和内容两方面都让高管薪酬信息披露具备更高的可信度。由于美国采用高管薪酬信息披露工具历史悠久，在应用的过程中发现叙述性描述或者单一图表难以全面地反映问题，因此他们将两种披露工具结合起来应用，较好地解决了信息披露问题。我国可以借鉴和参考美国的实践经验，将国企高管薪酬信息用图表的形式较为直观

地展现出来，再加以叙述性描述，通过这样简单直观的方式可以让投资者更好地了解高管薪酬信息，从中获取所需要的内容。在当下数字技术广泛发展的情况下，也可以考虑运用现代云计算技术建立电子信息平台，通过数据、算法、算力等的运用减少人力成本，且运用起来更为方便。

（四）强化股权激励相关信息的披露

2016年，我国颁布了《上市公司股权激励管理办法》，其中第六章共13条文规定了上市公司股权激励的信息披露相关内容，特别强调了上市公司在实行股权激励时必须公平、及时、完整、真实地披露信息，不得存有遗漏和虚假。《上市公司信息披露管理办法》中的条文规定较为完整，很好地补充及完善了上市公司股权激励的信息披露制度。同时《上市公司信息披露管理办法》中还规定，上市公司的股权激励计划至草案出台以及计划终止的所有环节，包括独立财务意见和专业机构的法律意见等都必须进行披露。

美国对上市公司股权激励薪酬信息的披露制度做了如下规定：除了姓名、数量、有效期、行权价或底价等常规的股权激励内容以外，还需要披露以下内容：公司业绩与高管报酬的相关性，薪酬委员会为高管制定薪酬的计划内容（包括具体标准与评价因素），上一年度的高管薪酬信息支付情况；应当真实且明确地说明上一年度公司业绩与高管薪酬的关系，同时要披露公司高管薪酬的股权激励是如何影响公司利润与费用；需要提交公司业绩图表，业绩图表可以反映在整个市场中公司占有何种地位。公司如果纳入了标准普尔指数，那么就必须以标准普尔指数作为基准，其他公司则可以采用其他指数，不做限制。由此可见，美国的高管薪酬信息披露制度已经非常详尽，相关规定也细致入微。这样详尽的披露制度对整个市场的发展而言有着极大的帮助，有助于社会公众能够更好地监督激励对象，对上市公司股权激励计划也有着很好的促进作用。

通过美国等国家高管薪酬股权激励信息披露的现实经验，我国可以根据自身的国情，对这些国家的制度进行一定程度的参考。例如：公司业绩与高管决策之间的相关性；未来高管业绩的信息披露；相同行业之间的横向与纵向对比；真实且具体地评价接受股权激励的高管等，通过披露这些信息能够更好地让市场投资者得到有用信息，也能让社会各界对上市公司的股权激励制度进行更好的监督。这里有一个问题需要强调一下，就是有效且具体的披露制度势在必行，但也在法律范围内充分尊重高管的个人信息权，披露的信息要平衡好公共利益和个人利益的关系，只披露与企业相关联的薪酬方面的信息及在职消费等情况，对高管的个人消费、其他收入和财产信息要予以必要的保护。

（五）完善违规披露责任体系

我国法律规定违反信息披露规则需要被罚款或者警告，这表明我国的法律制度主要是通过行政处罚让违反规则者承担法律责任。《上市公司信息披露管理办法》中就有单独的章节对违反信息披露规则进行相关规定。在2016年《上市公司股权激励管理办法》又进一步对相关内容进行完善后，我国的法律制度更进一步，也就是不仅仅只是停留在较轻行政处罚方式上，更多的是根据违规披露的情形来具体决定处罚轻重。一旦超越了界限可以采取必要的刑事处罚，同时也要适当加入民事责任的认定，只有三者之间互为补充，互相结合，才能形成完善的责任体系，让国企高管薪酬信息虚假披露行为无所遁形。

囿于我国的信息披露制度仍然存在许多漏洞，相关制度并不完善，所以直接或间接导致了违规披露责任体系的不健全。只有构建完善的信息披露制度体系，才能体现出严格的披露要求，对国企高管产生无形的高压。一旦他们面临的是不完善的体系，存在漏洞的制度，那么财务造假就有可能随时发生，这是基于人性弱点的体现。美国安然公司曾经是世界上最大的能源、服务和商品公司之一，却在2001年申请破产，正是因为投资者对企业盈利的质疑而让其股票下跌，最终发现公司内部财务造假。这种财务造假行为主要也是由于安然公司一些高管利欲熏心，欲壑难填而导致的内部财务体系瓦解。在破产案发生之后，美国对违法主体进行了严厉惩罚，也完善了相关的责任体系，让美国的上市公司高管薪酬体系不断地细化，才有了今天这样完善的信息披露制度。所以，我国也应当防患于未然，不断通过细化国企高管薪酬信息披露制度，为市场经济的发展提供有力的保障。

第五章　我国国企高管薪酬不当的司法介入问题

司法介入是法律规制的最后一项手段，属于事后监管范围。国企高管薪酬在理论上属于公司内部治理问题司法介入理应保持克制，只有市场失灵导致公司运转变得困难，司法介入才会成为一项有效手段。英国公司的司法介入起源于股东代表诉讼制；美国公司因其市场化程度较高，司法介入更多地体现了司法的宽容与克制，美国民众认为对于公司高管的司法介入属于维护公平正义的最后防线。实际上司法介入有一定的现实需求，当市场自发调整无法完成，公司治理目标难以实现的时候，司法介入往往能够起到较大的效果。鉴于我国的司法实践，对国企高管薪酬不当的司法介入包含了两种类型：一种是国企自行要求介入，审查内容多数为公司决议是否存在程序及内容遐疵。另一种为股东诉讼，以股东名义要求介入，即股东为了维护企业利益以自己名义代公司行使诉讼权。本章主要分析我国国企高管薪酬不当的司法介入问题。

第一节　国企高管薪酬不当的司法介入关键问题

一、国企高管薪酬及相关主体的确定问题

我国国企改革正在不断深入，诸多的国企经过股改而上市，进入了资本市场，因此国企高管薪酬的确定模式也逐渐向资本市场的惯用做法靠拢。主要的模式如下：首先由董事会设立薪酬委员会，成员主要是独立董事，以确保高管薪酬决定的公正性。薪酬委员会提出相关的薪酬设定方

案，并由董事会进行审批，最后在股东大会中说明情况，然后将相关的薪酬信息进行披露。如今，在国有企业中，有不少高管在董事会中兼职，而独立董事的薪酬则是由董事会决定的，独立董事为给自己获利，可能会对公司高管的薪酬决定进行让步，由此形成互惠互利的局面。在这种情况下，薪酬委员会的做法不一定公正。

根据相关的实际情况，我国国企高管薪酬问题主要是由企业所有权跟控制权分离所引起的，由此带动了一些新的代理问题出现，股东的利益通常会被董事会或公司高管所忽视，国企高管引领着公司治理的大方向，并控制着公司的经营管理过程，他们的权力不断被放大，甚至可能大到能够影响董事会的决定。公正性的缺失导致在国企高管薪酬决定的过程中，股东会能够发挥出的作用越来越低，更谈不上监督力。在这种情况下，中小股东和企业员工更加难以参与监督，容易损害到广大股东和员工的利益[①]。所以当务之急应该确定相关主体，根据我国的实际国情，相关主体应该由国资委、股东大会、公司高管、董事会、监事会所组成。

二、不当高管薪酬对公司及中小股东利益损害问题

国企高管一般采用的是政府任命、政府建议任命或公开招聘的形式，公益性质和功能性质的高管薪酬问题前文已提及相关的制定标准，其与业绩关联度不大。对于竞争性的上市国企高管来说，其薪酬信息是否进行披露，成为广大投资者购买该公司股票考虑的一个问题。国有上市公司确定高管薪酬的方式，通常使用固定薪资、绩效奖励加中长期激励的模式。高管薪酬来自公司的实际收入，并与公司的业绩高度相关。在股权激励使用越来越普遍的今天，国企高管在工作方面的积极性有所提高，因为他们知道公司业绩增长，会带动股票价格上涨，进而自己的收益就会变得更高。但有一点不可忽视的是，由于国企的特殊性，当前有不少国有上市公司高

---

① 步丹璐，黄旭兰，李华. 企业并购影响高管薪酬业绩敏感性吗？——基于中国国有上市公司的实证分析 [J] . 中国注册会计师，2012（11）：66-72.

管薪酬很少会下跌，即使公司业绩不佳，他们也能获取足够的薪酬，从而导致众多中小股东的利益受到损害。

一般来说，公司高管的薪酬应与公司业绩相挂钩，并由此确定高管薪酬的标准，包括涨幅、跌幅等，使公司高管薪酬规制走向合理化。尤其是公司业绩下滑的时候，公司高管薪酬过高则会给企业带来很大的负担，并导致股票价格下跌，使得广大投资者产生亏损，牵连到各股东的利益。根据市场规律，公司高管薪酬过高是一个客观存在的事实，但如果公司高管薪酬过低，同样也不利于公司的成长。因为薪酬过低必然会打击高管的工作积极性，一些职责会变得很难履行。但相对来说，公司高管薪酬过高所造成的危害性更大，中小股东的利益受损也更大。从这一点看，不当高管薪酬主要指高管薪酬过高的情况，是能触发司法介入的一个节点。

三、司法审查的程序公正性问题

司法审查程序公正性指的是司法介入之后，相关的审查程序是否正当，是否能体现出公平公正。在公司治理领域，特别强调民主原则，司法审查程序的正当与否，就是要看程序和民主原则的契合程度。根据市场发展理论，公司高管获取高薪无可厚非，这与他们的贡献成正比，但关键在于他们所获取的高薪，是不是能够满足司法审查程序的公正性要求，是不是能够经得起法律的检验。在司法审查的具体过程中，判断程序是否公正，应以企业价值是否达到最大化作为导向，并能体现出程序的公平性、程序的独立性、程序的透明性等相关要求。一是国企如果组建了薪酬委员会，在决定高管薪酬时，应将企业价值最大化作为主要目标，并使高管薪酬能够跟业绩匹配。二是薪酬委员会是否以独立董事作为主导，薪酬委员会是否受到了公司高管的控制。对于薪酬委员会来说，他们的决策过程应保持相对的独立性。三是高管薪酬是由薪酬委员会确定，因此薪酬委员会还要善于横向和纵向比较，得出一个合理的、客观的决策结果。这就需要形成一定的公开制度，使高管薪酬计划更加的透明。

对于司法审查的具体过程来说，若国企高管薪酬不能满足程序公正性的要求，法院有权力向公司的薪酬委员会提出要求，进一步补充相关的说明，直到满足程序公正性要求为止。关于司法介入问题，《公司法》第22条中通过司法程序撤销股东会或董事会决议的方式，阐明薪酬司法介入的正当性法律依据问题，也就是国企高管薪酬决议的形成在程序上存在着违反法律规范、公司章程规定的情形时，股东可以请求司法介入也就是法院去撤销该决议。法律上仅是对程序违法的司法介入问题进行了明确，对于能否对薪酬进行审查、审查的依据和标准是什么、审查的边界是什么等实体问题均没有明确的规定。

第二节　国企高管薪酬不当的司法介入必要性分析

一、国企高管薪酬自律的义务与责任

（一）薪酬合理性信义义务

现代化公司的控制权和所有权逐渐分离，这在一定程度上提高了公司高管的权力，高管能够在法律法规及公司制度所规定的一个范围之内行使公司的经营管理权力。按照权责统一的原则，高管在行使权力的时候，还应承担起一定的责任和义务。根据美国和英国的公司治理情况，他们的董事会权力过大，而监事会难以起到监督作用，所以董事行为需要符合一定的特殊标准，从法律角度即赋予其一定的义务，这就是美国和英国通行的信义义务。从信义义务的来源看，一般认为是来自信托法，但使用范围较广，已经超脱了信托的领域。有较多的大陆法系国家，如德国、日本、中国等，很少从信托立场对高管和企业的义务关系进行理解，而更多地认为这属于一种委任的关系，即公司委任高管，由高管担负起公司经营的职责。但信义义务中的一些经典内容，包括忠实义务、勤勉义务等，则被德国、中国等大陆法系国家所采用，充分体现在立法中。

勤勉义务主要是指公司高管在履行职责时，应当有勤勉的态度和行为，注意各种信息的使用，其目的是为公司取得最大效益。在英国，其公

司法原先针对公司高管勤勉义务采取的标准并不高，主要基于高管水平与经验的判断。但随着公司的经营变得越来越复杂，若公司高管对于公司经营的能力不够时，则会丧失高管应有的作用。英美国家现代公司在发展过程中，董事会的权力变得越来越大，关于董事能力的一些要求也在增加。例如英国公司法就要求董事应该是一个勤勉的人，能够辛勤工作。而美国关于公司高管勤勉义务有自己的规定，美国要求公司高管决策时需要深入了解相关的信息，以形成最有利的决策。公司高管要尽到勤勉义务，具备一定的理性思考能力，承担起相应的责任。

忠实义务则是自然表达出高管是公司利益的一个核心代表，必须要忠实于公司，要求有较高的职业道德素养。高管在进行经营管理的时候，需要履行忠实义务。但也存在着一些特殊情况，例如高管的经营对象与自己有着利益关联时，有可能因为人性而触发谋私点或者情面点，进而产生道德风险。而且还存在其他的一些冲突事件，例如决定高管薪酬的情形，若高管本身为董事会成员，则有可能产生自我交易，发生以权谋私的现象，从而违反忠实义务。在这个时候，司法介入就具备一定的正当性。

相对来说，公司高管通常会利用自己所拥有的权力，施加压力给董事会，甚至通过交换的条件与董事一起互相牟取高薪。在这个时候，忠实义务的重要性就会变得更加的突出[①]。自我交易是一种客观存在的现象，在美国、英国等国家，他们的公司法会对自我交易的相关效力进行认定，至少法律层面的态度较为宽容。但这种做法依然是反对一些放纵程度较高的自我交易行为，需要通过相关的信息披露程序，使高管的自我交易行为置于公众的监督之下，这就形成了忠实义务的一些核心要求。对自我交易行为进行的法律规制时，需要通过法律程序对自我交易公正性进行认证，如果确定违反了公正性，则本次自我交易不会起到任何效果，公司高管的自我交易行为应不能违背忠实义务的基本要求。关于公司高管的信义义务判断，成为公司高管薪酬问题司法介入的一个争论点。一旦高管违反了信义

---

① 宋清华，胡世超，毛庆. 金融机构高管薪酬存在风险敏感性吗？——基于中国上市金融机构的经验证据［J］. 财经理论与实践，2018（4）：8-17.

义务，就需要对其薪酬的合理性进行重新判断，这一点非常重要。

（二）薪酬合理性注意义务

德国非常看重薪酬合理性的注意义务。德国公司治理中的董事通常是由监事会进行任命的，董事会的权力水平要低于监事会，可以说监事会控制着董事会。根据德国的公司法规定，董事薪酬是由监事会所决定的。当监事会对董事薪酬水平进行确认的时候，需要对董事的相关收入情况进行考虑，同时还要考虑董事收入和公司业绩是否相应，由此给出董事薪酬的一个标准[①]。根据德国的公司法，监事会应具备薪酬合理性的注意义务，必须要做好监督工作。他们可按照常见的薪酬标准，对董事可能取得的薪酬水平进行判断。德国公司的薪酬合理性注意义务，往往通过法律实践所实现，并由法律提供标准化的薪酬合理性评判依据。这个标准的存在，给法院在审查公司高管薪酬的时候，提供合理性的建议，法官可根据这样的建议，评判一些薪酬诉讼案件，并以通常性或业绩标准来作为衡量标准。当监事会认为公司高管薪酬有不合理现象的时候，就要对相关责任监事应负的责任进行追究，正是由于薪酬合理性注意义务的存在，使得德国公司的监事会承受比较大的压力，不敢擅自决定高管的薪酬，而需要进行多方面的考量，这是德国公司高管薪酬保持在一个较低水平的主要因素。

（三）高管责任

若公司高管违反信义义务导致出现决策错误，就可能给公司造成较大的损失，这个时候就能体现出高管责任的重要性。在一般情况下，若公司高管有违忠实义务则他们所作的决策会变得无效。因为公司高管的自我交易属于一种客观存在的现象，所以在英国和美国的公司治理中，还有程序公正性审查这一环节，但这并不代表程序公正能够和自我交易公正画上等号。对于公司高管薪酬来说，如果有司法审查的需求产生，或他们自己认为自我交易是公正的，则要包含对高管责任的认定。美国公司法在判断高

---

① 徐海峰.会计准则变革对企业高管薪酬的影响研究［D］.大连：东北财经大学，2015：51-53.

管是不是违反了勤勉义务时，主要通过三个标准中形成的判断准则进行评判，后果是可能放弃审查高管薪酬的合理性。相对来说，这两者都是比较难评判的，所以决定高管薪酬的责任也很难落实，这是高管薪酬居高不下的一个客观因素。这就需要界定高管应负的责任，对高管自身的薪酬自律承担起一定的责任。

二、国企高管薪酬不当的司法介入必要性

（一）高管薪酬司法介入的论争

关于公司高管薪酬是否需要司法介入这个问题，有支持派和反对派两个立场。基于反对派立场，认为公司高管薪酬问题是公司内部治理问题，法律不应过多干预。例如有学者指出：公司高管薪酬问题，充其量就是一个公司所产生的问题，而不是社会问题，司法介入公司高管薪酬问题有失正当性。另有学者认为，公司高管薪酬应由市场进行自我调节，遵循契约自由和市场自由的原则，司法不应该盲目介入[①]。此外，即使高管薪酬问题的司法介入有着正当性，却不一定有可行性。首先，法院的人手不够，很难派出充足的人力去调查高管薪酬问题，而且法官即使有很高的专业素质，也很难审查市场行为的合理性，且信息不对称也使得法官很难深入了解市场信息[②]。反对派的论点一直占据着上风，但支持派也有他们的观点，而且在全世界范围内受到支持。例如有学者认为，法院应该介入对于公司的一些调查，以掌握公司高管的薪酬情况，并给出合理的判断。也有学者认为，薪酬委员会对公司高管薪酬的决定有较大的权力，若他们有不法行为时，就会被追究法律责任[③]。

---

① 施廷博.上市公司高管薪酬监管法律制度研究［D］.上海：华东政法大学，2012：33-36.
② 王莉，张体勤.高管薪酬个人公平影响因素跨层次分析与统计检验［J］.统计与决策，2014（5）：87-90.
③ 钟芳瑾.上市公司董事薪酬决策之利益冲突研究［D］.武汉：武汉大学，2014：89-92.

（二）高管薪酬司法介入的必要性

股东诉讼已成为现代公司的一种制度，若发现高管有损害公司利益的情况发生时，股东有权提起诉讼。股东诉讼是引发司法介入的一个因素，但司法介入究竟有无必要性，还需要从以下几点进行考虑。

第一，若公司治理机制出现失灵时，司法应该积极介入。从整体情况看，中小股东行使监督权难度很大，而司法介入则能较好地解决高管薪酬不当问题。在美国，公司会尽量提升董事会的独立性，以推动公平公正交易，最大限度地避免自我交易。在我国，一些国企股改上市之后，一股独大的现象依然存在，国企高管的薪酬居高不下，损害到中小股东的利益。若公司治理机制失灵，高管通常会进行自我定薪，这种行为的弊大于利，所以司法介入有一定的必要性。

第二，对于公司股东来说，他们手中拥有的权利，一般难以有效制约高管薪酬问题，而司法介入则是一种有效手段。在世界各国，他们的公司法一般都给予股东对董事和高管人员的控制权，但真正能用到实处的并不多。有一些高管拥有任免董事的权力，因此他们跟董事会容易结成"同盟"，既高管给董事一定的好处，而董事也要确保高管能够获得高薪。这种地下协议的方式在很多公司里存在，因此公司高管薪酬法律规制需要司法介入。

第三，公司法本身就能规制高管薪酬，许多国家的公司法在规制高管薪酬方面有着一些通用的规定，但不可相互效仿，例如：从法律层面确定公司高管薪酬的决定权由谁掌握；公司高管是否履行了信息披露制度；司法审查是否应该及时介入。从公司高管薪酬的决定权看，根据公司法的规定，股东大会确定董事的薪酬，而董事会确定公司高管的薪酬，双方的利益看似有所隔离，实际上自我交易行为依然会发生。此外，高管薪酬信息披露虽然是一个解决市场失灵的好办法，但并不能解决全部的高管薪酬问题，因为容易产生棘轮效应等副作用[①]。因此，公司高管薪酬司法介入是一

---

① 臧兴东.上市公司高管薪酬的法律规制［D］.重庆：重庆大学，2017：112-116.

项不能缺少的手段。

第四，对于公司高管薪酬司法介入这一问题，不可忽略客观存在的商事判断规则，因为它并不是司法机关不介入的一个借口，更不能因此而使司法介入成为空谈。从实际情况看，即使美国这个推崇商事判断规则的国家，依然有较多的司法介入公司高管薪酬的案例。例如美国法律协会颁布的《公司治理原则》就明确规定：若董事会与公司高管没有存在利害关系，双方的目标达成统一，则符合商事判断的规则。若有利害关系存在，董事会与公司高管的目标不一致，则司法机关需要介入调查。

总的来说，公司高管薪酬规制的途径还是比较多的，而司法介入则是一条不可或缺的途径。当然，受制于商事判断规制公司高管薪酬问题的司法介入实现起来并不容易，但其却是高管薪酬问题的最后一道防线。一方面在特定情况下规制高管自我交易，另一方面对高管也有一定震慑作用，使股东对高管施压，把薪酬设定尽可能维持在正常轨道。

第三节　国外关于企业高管薪酬不当司法介入实践启示

在国外，公司高管薪酬的司法介入可以追溯到20世纪四五十年代。而在21世纪初，由于国际经济危机的爆发加剧了矛盾，使司法界不得不将目光再次聚焦在高管薪酬领域并有所作为。本节详细介绍了各个国家对于公司高管薪酬不当的司法介入实践。

一、美国关于高管薪酬不当的司法介入实践

美国的经济发展较为自由，并且有着成熟的经理人市场，他们的薪酬委员会是独立的，即使高管薪酬过高，也不是严重社会问题，所以法院并不会积极介入公司高管薪酬问题。但自金融危机爆发之后，高管薪酬不当的问题日益受到司法界关注。

（一）高管薪酬正当性审查的三个标准

第一个标准是浪费公司资产标准。早在1933年，美国法院就在司法实践中提出了浪费规则。这里的浪费主要是指公司高管的薪酬支付数额并没有与其创造的业绩相匹配。也就是说任何公司的股东或董事都不能发放不当薪酬浪费公司财产，除有证据能够证明其薪酬发放和实际贡献、业绩相匹配，否则即便薪酬方案通过了股东大会的决议也不具有合法性。这项规则出现在美国历史上比较具有典型性的经济大萧条时期，该时期人们对于高管薪酬问题较为敏感，但是实际上适用公司资产浪费规则的情况很少。因此两年后，美国法院认为薪酬激励机制确定的数额有不合理之处，从而引入要求董事会审查高管薪酬的新标准。在美国经济开始复苏的时候，高管薪酬的问题并没有像大萧条时期那般敏感，故司法机关应该有一个更加审慎的态度，审查重点应放在决定高管薪酬的流程上面。后随着美国公司中长期股票激励制度的逐渐普及，高管薪酬也开始不断上升，浪费规则的适用性引发了再一次的讨论，并得到了内容上的丰富。1979年，美国的商事判断规则开始形成，法院关于公司高管薪酬的合理性审查逐渐减少。直到1997年，商事判断规则进一步得到优化，董事会获取决策时拥有更多的自由。尤其是美国董事会下设薪酬委员会以来，法院对介入公司高管薪酬问题的审查变得更加审慎。

第二个标准是违反注意义务标准。高管薪酬上的注意义务主要指的是两方面，一个是董事会在确定高管薪酬时程序正当；另一个是对信息的充分把握。相对来说，对公司高管的注意义务判断面临着较大的困难，其远高于对忠实义务的判断。根据《美国标准公司法》，董事的注意义务标准如下：董事要具备一定的善意；董事能够全心全意为公司利益着想；董事能够合理使用信息并行为恰当。高管薪酬主要由董事会决定，相关成员会在决定做出之前，实施全面合理的调查，以得到更多的信息。在司法实践中，注意义务的判断标准经历了从松到严再到松的过程，从严过程中更加倾向于在重大的决策失误中的主观故意，在Smith Vs.Van Gorkom一案中，重大过失标准被突破，公司内外全体董事成员全部被追究责任，引发了对于董事责任过重的思考，进而推动了注意义务的行为标准与责任标准的分离，向着更为宽松的问责标准变革。美国的特拉华州率先修改了本州的公司法，允许公司通过相关的章程对董事的责任予以免除，或降低董事在违背注意义务的时候所需要担负的责任，该州的做法逐渐推广到美国的其他州。总体来看，董事应重视违反注意义务标准，以形成更好的商务判断规则保护，但法院介入公司管理，撤销董事因违反注意义务做出的薪酬决定的案件非常罕见。

第三个标准是违反忠实义务标准。由于美国的公司结构，其大型公司CEO大多兼任着董事会主席，经理层基本上控制了公司与董事会，所以自我交易现象较为普遍，直接影响到公司高管的薪酬确定。而董事在决定高管薪酬时，有着忠实义务方面的约束。起初，股东可以以董事违反忠实义务为由请求法院对高管薪酬的决议进行审查，如果确定违反了注意义务标准，则相关行为会被认定无效。后发展到以程序公正审查来决定是否有效，进而到公平合理性的实质审查阶段。根据最优契约理论，公司高管薪酬契约可以通过协商进行确定，但依然无法阻止自我交易的产生。有学者认为公司高管可利用权力对董事会造成影响，进而做出有利于自身薪酬的决定①。自我交易通常与公司高管的某项利益有牵连，例如薪酬的自我制定等。从实际情况看，基于法院立场，会发现公司高管薪酬有着复杂的结构，而且会涉及很多信息链，所以开展对公司高管薪酬的合理性检查也变得十分困难。

（二）商事判断规则

商事判断规则源自公司法，是法院介入高管薪酬案件的实体依据。也就是说，利益双方中的原告没有确切证据可以举证薪酬方案存在不合理情形，那么所制定的薪酬方案就依据此项规则受到法律保护。后美国法学会又对商事经营判断规则进行进一步界定，认为公司高管在进行经营决策的时候与所从事的交易之间无直接的利害关系和利益关联，适时对相关信息

---

① 蒋建湘.国企高管薪酬法律规制研究［J］.中国法学，2012（1）：117-128.

进行全面的收集，并对关联情况进行充分了解，由此作出的决议符合当下公司的权益，这种常见情形构成了商事判断规则，即公司高管在经营时，如果作出的商业判断导致公司遭受到损失，无论恰当与否，法院都不会介入进来①。也就是说，当高管作出的决策符合商事判断规则要件，就等于已经履行信义义务，无需额外承担法律责任。美国法院形成的商事判断规则，只对信息获得和诚实性进行审查，至于高管决策的内容则不在审核范围之内。法官是司法裁判官，具有一定的独立性，其本身不具备在具体市场活动中对高管商业行为判断的能力，往往只是依据程序要件对决策公正与否加以判断。所以高管只需要在善意且合理的范围内以公司最佳利益角度出发进行经营决策，即便出现了没有满足预期的商业决策效果，也不会因此承担法律责任，这样就避免了高管在进行决策的时候畏首畏尾，为了免于责任的承担而采取更为保守的行为，最终或导致公司和股东利益受损。

综上，商事判断规则是一把双刃剑，可能会对高管形成有利的保护，也可能阻断司法介入。商事判断规则或成为股东诉讼的一个障碍，阻碍董事会的责任心发挥，也可能为决策者提供一定的帮助。由此，学术界形成了支持派和反对派两类主要观点，学术界对这一规则褒贬不一。

二、其他国家关于高管薪酬不当的司法介入实践

在英国，股东诉讼案件并不多。若英国公司高管薪酬过高导致其影响到股东的利益时，则有可能引发股东诉讼。根据英国的公司法，董事对公司负有勤勉义务，但很少有董事因为勤勉义务问题而被起诉。所以英国对于高管薪酬不当的司法介入并不积极。在澳大利亚，公司的高管薪酬水平相对较高，导致高管薪酬问题也比较突出。起初其法律体系受到英国法律体系的影响，其中包括薪酬审查标准，以股东压制为由司法介入审查。后颁布《公司法律改革法》扩大了司法干预的范围，相关条款规定：禁止上

---

① 扎比霍拉哈·瑞扎伊. 后《萨班斯——奥克斯利法》时代的公司治理 [M]. 陈宇，译. 北京：中国人民大学出版社，2009：144-149.

市公司支付给经理报酬，除非有关的安排已经被股东批准或者因其是"合理的"而被免除限制。而在德国，公司法对公司薪酬制定主体的注意义务有更严格的要求，且明确要求高管薪酬必须与其职务、实际工作、公司的经营业绩等保持一定关联和比例。这些标准中高管职务、实际工作易于形成实质审查的内容，方便司法介入，但与公司关联则没有统一的标准，会造成司法介入实践中的一些矛盾。但无论如何，德国出台了实际用以审查的标准，这在一定程度上给公司施压了压力，使高管薪酬能够维持在一个较为合理的水平。而德国本身的法律体系就非常的严格，能够保障司法介入的正当性与合理性，最终使公司高管薪酬得到一定的规制。

21世纪后，西方国家司法介入实践中出现了一种新型司法介入途径——薪酬取回权制度，在学术界和实务界均引起较大反响。这项法律制度最初见于2002年的《萨班斯-奥克斯利法案》第304节，对于CEO和CFO们的股权激励行权的薪酬，公司有追回的权利，追回对象为现任高管，追回薪酬的时间范围为十二个月内。这里的薪酬取回权主要针对的是高管不当薪酬部分。《多德-弗兰克法案》就薪酬取回制度又作做了进一步的规定，取回对象进一步扩大，除了现职高管外还包括前任高管，薪酬取回的计算时间也由原来的十二个月扩展到三年。此项政策的出台褒贬不一，一方面薪酬取回制度属于事后监督范围，能够弥补事先举措可能忽视掉或者无法解决的问题，形成一定的兜底保护；另一方面对于相对发达的资本市场而言，就会针对薪酬取回问题形成公司和高管之间的博弈，高管自然会更多地选择没有设置薪酬取回条款的公司。所以在薪酬取回权运用的过程中，应该综合考虑各方利益需求，视具体情形适当进行设置。

第四节　我国国企高管薪酬不当的司法介入对策

一、我国国企高管薪酬不当的司法介入基础

我国高管薪酬司法介入经历不是一蹴而就的，而是经过一个改革发

展的过程。自我国确立了市场经济体制后，就对市场经济主体进行了市场改革，而国有企业作为市场经济中创造价值的核心企业，其改革发展进程更是影响到市场经济的发展。企业发展需要依靠法律的制度保障和支持，于是我国首部《公司法》应运而生，针对高管薪酬在市场经济发展过程中呈现出的收入差距问题，《公司法》中明确规定了董事、监事和高级管理人员对公司负有勤勉义务和忠实义务，同时也确立了股东诉讼制度。对于我国国有企业来说，高管薪酬的司法介入正是围绕股东诉讼制度进行的。2018年修订的《公司法》第152条明确规定：董事、高级管理人员违反法律、行政法规或者公司章程的规定，损害股东利益的，股东可以向人民法院提起诉讼。其中具体诉讼适用情形在151条中分三款进行列明：一是董事、高级管理人员有本法第一百四十九条规定的情形的（即高管人员违反相关法律、法规和公司章程规定，给公司造成损失的情形，应该承担相应责任），有限责任公司的股东、股份有限公司连续180日以上单独或者合计持有公司1%以上股份的股东，可以书面请求监事会或者不设监事会的有限责任公司的监事向人民法院提起诉讼；监事有前述情形的，股东可以书面请求董事会或者不设董事会的有限责任公司的执行董事向人民法院提起诉讼。二是监事会、不设监事会的有限责任公司的监事，或者董事会、执行董事收到前款规定的股东书面请求后拒绝提起诉讼，或者自收到请求之日起30日内未提起诉讼，或者情况紧急、不立即提起诉讼将会使公司利益受到难以弥补的损害的，前款规定的股东有权为了公司的利益以自己的名义直接向人民法院提起诉讼。三是他人侵犯公司合法权益，给公司造成损失的，本条第一款规定的股东可以依照前两款的规定向人民法院提起诉讼。《公司法》的以上规定为司法介入高管薪酬问题提供了制度可能性，但其他相关法律规范仍旧相对匮乏，难以对司法介入问题提供充足的支撑。前文所述《公司法》中规定董事和高级管理人员负有忠实义务，有学者认为司法介入能提高公司高管履行忠实义务的程度。不过很遗憾的是，我国国企高管薪酬司法介入依然存在依据的缺乏状况。国有上市公司高管薪酬由董事会所决定，《公司法》提出的注意义务的原则性也很强，很难问责董事在薪酬决定中的失误行为。而关于公司薪酬决策合法性的审查，主要是利用决议瑕疵诉讼实施，整体效果依然有限。对于决议程序方面的瑕疵来说，主要有召集程序和表决方式，但没有满足法律及章程的要求导致收效甚微；内容瑕疵主要有薪酬决策内容中违反了法律法规或者违反了公司章程的一些规定，股东可以提起诉讼，请求法院撤销无效的决议。对于国企高管薪酬来说，很难从法律强制性规范里面找到无效依据。相对来说，若转而寻求能够撤销诉讼的帮助，以相关决议违反公司章程或违反决议程序，则可能获得更大的支持。我国国企高管薪酬规制路径还有行政手段。行政手段对司法介入也不能提供必要的审查依据。首先，法院在审理案件时，更喜欢遵从上级法院的意见，尤其是最高人民法院的指导意见，而不是其他部门的政策性文件规定；其次，政策的多样性使得相关规定并没有在指导原则与具体规则方面达成协调和一致，在某种程度上还会导致案件审理的混乱。

二、国际通用的三大标准、商事判断规则与薪酬合理性

公司高管需要承担信义义务，即忠实义务和勤勉义务。忠实义务的要求是高管要以公司利益为行动准则，不能发生与公司利益相左的行为。勤勉义务的要求更加主观化，要求高管为了公司的利益勤勉尽责，殚精竭虑，但这个义务相对抽象，没有细化的标准，所以在公司实务中，对于勤勉义务的履行判断远高于对忠实义务的判断，综上，虽然《公司法》中规定了董事和高级管理人员要遵守对公司的忠实义务和勤勉义务，为司法介入提供了可能性，但薪酬问题涉及内外部问题众多，对于薪酬合理性的判断标准在客观上通常难以实行。针对这种情况，美国形成并发展了高管薪酬正当性判断的三大标准，并产生了商事判断规则。在三大标准里面，违反忠实义务标准较为严格，公司高管一旦违反忠实义务，其作出的决策通常都是无效的，但后续发展过程中排除了一种情形，即对高管薪酬程序公正的审查，如果薪酬制定过程中符合程序正当性的基本要求，那么其薪酬法律效力不应该被轻易否认。我国《公司法》则规定了公司董事、高管不得违反章程规定，没有经过股东大会同意就私自签订合同，但将能否自我交易交由公司自主决定，也就

是公司通过章程或股东大会明确高管自我交易行为。

我国公司没有商事判断规则的传统，一直以来致力于社会主义公平正义理念的追求。于是司法实践中，既不能轻易挪用美国的商事判断规则，又没有能解决实际问题的高管薪酬正当性合理性的审查标准。那么怎么解决当下存在的问题就成了各界关注的焦点。本书认为现阶段薪酬行政化干预手段是可行的，也就是国资委及相关政府机关要履行其应尽的职责，充分发挥出薪酬委员会等在薪酬制定标准上的作用。参考德国，大公司往往有着以平等为导向的公共服务的态度，折射出德国法律政策和社会文化方面广泛存在着比美国更倾向于财富平等分配的理念，与美国CEO的薪酬水平是普通员工的531倍相比，德国CEO的薪酬水平是所在公司普通员工薪酬水平的11倍即是很好的说明。可以采用限定国企全体高管薪酬总额与公司利润比例的做法，对高管薪酬进行合理的限度。对薪酬构成中的激励性薪酬，高管离职补偿的数额与其近年来的年薪比例进行限定。需要强调的是，公司高管薪酬的总额是全体高管薪酬的数额总和，至于高管内部分配的合理性则不予审查。通过种种限定来实现对国企高管薪酬总额的抑制，实现公平的法律文化。

三、我国国企高管薪酬不当的司法介入存在的问题

（一）股东代表诉讼的原告资格门槛过高，诉讼难以提起

《公司法》第151条对有限责任公司的股东提起代表诉讼没有持股要求，而上市公司原告股东应当连续持有公司1%的股份达到180天以上，如此立法的目的通常是为遏制恶意诉讼，维护公司和社会利益。但是，股东代表诉讼制度的设立目的是为了公司与股东的利益，将本归公司行使的诉权交由股东行使，股东从诉讼中并不能得到直接的利益。可见，制度的设计应当满足遏制恶意诉讼和支持中小股东诉讼两重目的。《公司法》第151条对原告股东的资格限定只实现了遏制恶意诉讼的目的。以某百货为例，2019年5月22日的总市值为109.48亿，1%的股份价值约为1.09亿元。如果说该公司都尚有可能发生中小股东提起代表诉讼的可能，对于如同某大型

国企，其在同一日的总市值之高，即便是1%的持股份额也是相当可观的数字。显然，要达到《公司法》的要求无疑是极为困难的。小股东即便发起诉讼并获胜，受偿对象仍为公司。当公司不予分红或侵害公司权益的董事、高管在败诉后依然控制着公司，小股东就难以得到赔偿。简单限制手段并不能实现其目的，受限制的是真以公司利益为目的的股东，而对滥诉行为的发生却不能遏制，这应当是现实中鲜见上市公司的股东提起股东代表诉讼的最重要的原因。

（二）前置程序的设置不合理

《公司法》追求的首要目标是效率，应减少或避免因股东滥诉而给公司正常经营带来损害。为了实现效率目标，需要给管理层创造有利的经营条件，使其能专心于决策，保证合理风险的商业行为能正常做出，前置程序可以在一定程度上防止购买诉讼和恶意诉讼对公司经营管层产生的负面影响。为股东行使代表诉讼提起权设置前置程序等限制，正是为了减少或防止股东滥诉。前置程序的具体要求为股东在向法院起诉前，需要先穷尽公司的内部救济。一方面，通过内部救济程序的作用，有可能将矛盾在内部解决；另一方面，通过前置程序对诉讼目的进行排查，避免股东恶意诉讼的发生。就后者而言，公司的内部排查是否还需要法院进行实质性审查，即如果公司内部排查认为股东起诉不当时，法院是否对起诉直接予以驳回，还是需要对公司内部排查的结论进行审查以便决定诉讼能继续进行否，各国的做法不一。

对于上市公司高管薪酬问题来说，涉及的高管为董事和高级经理人员，双方都是利益共同体，当董事会懈怠于审查，超过30日时限时，股东可以自行提起派生诉讼。可见，对前置审查的时限规定反而有利于派生诉讼的提起。但是，这样的效果已经偏离了前置程序的目的，恐怕也不是立法者有意而为。

（三）诉讼费用负担沉重，股东难以承受或不愿承受

发起股东派生诉讼，需要时间、精力以及金钱成本的支出，即便胜

诉，只能避免对诉讼费的承担而已，如此形成了股东提起派生诉讼的又一障碍。而购买诉讼与恶意诉讼则不同，通过以诉讼为手段，要挟被告进行补偿，能换来高额收益，诉讼费的承担等并不能阻止其步伐。法院受理诉讼案件，需要依据标的额的大小，根据相应的标准收取诉讼费用，针对高管薪酬的股东代表诉讼常常涉及巨大的标的额，诉讼费用极高，中小股东很难承受相关成本，无疑抑制了派生诉讼的提起。再则，股东如果胜诉也不能直接获得经济利益，败诉则要自行承担经济支出，面对高成本低回报的预期，提起诉讼的股东自然就很少了。相对封闭公司而言，上市公司股东更愿意承担可控损失而采取用脚投票的措施。

（四）国企高管股权激励的司法介入问题

我国国有上市公司股权激励制度的调整规范都集中在部门规章中，《公司法》《证券法》一直没有正面回应。当然，随着基本法律的不断完善，一些股权激励制度面临的障碍也得以清除。例如《公司法》将注册资本实缴登记制度改为认缴登记制度，为公司设置库存股，为高管激励提供的股票解决了来源问题。而根据我国《商业银行法》《证券法》规定，商业银行、证券公司仍然实行法定资本制度。2013年修正的《证券法》仍然禁止证券从业人员买卖持有股票，也是证券公司股权激励制度面临的重大障碍。不仅如此，相关法律、法规，如税收、会计等方面对股票期权费用的处理，公允价值的计算方法的统一等仍然存在争议，有待完善。还需指出的是，当前司法实践仍然将国有上市公司高管与公司之间的矛盾界定为劳动关系，适用劳动法律进行解决也是不妥的。当前，国企监事与独立董事的独立性难以实现。在股东缺位或股东强势的国有上市公司中，董事会成员与高级经理人员角色交叉，形成"董董"相护、"董高"相护的局面，而委以监事与独立董事重任的做法，无异于缘木求鱼，这给司法介入造成了一定困难。

四、我国国企高管薪酬不当的司法介入措施

（一）降低原告资格的门槛，改变股东派生诉讼难以提起的现状

在英美等国，往往对股东代表诉讼中的原告持股数量不做要求。英国《公司法》第260条规定：只要持有公司的股票，即可提起股东代表诉讼。因为，股东的持股比例大小并不能保证其所提起的股东代表诉讼的目的一定是符合公司利益的，而且持股的比例限制很容易被规避。我国应借鉴降低原告股东资格门槛的做法，将持股比例进行大幅度的降低。但应当保留连续持股份达到180天以上的要求。鉴于我国股市投机现象严重的特点，可以借鉴美国的做法，要求在所诉的不当行为发生时原告股东应当持有公司股份，以及在整个诉讼中保持股东身份，即美国法规定的连续持股要件。如果派生诉讼的原告不再是公司的股东，则他将丧失维持或继续诉讼的资格。同时考虑到国有企业分类分级管理的需要，在国有控股企业的诉讼主体中加入国资委的诉讼资格，其他股东提起诉讼前，可以委托企业监事会成员提起诉讼，如果监事会不履行诉讼职能，可以请求国资委或者其他股东履行诉讼权利。

（二）完善前置程序的设置，切实发挥其作用

前置程序完善的核心在于保证前置审查机构的独立性，交叉审查制度不能实现。在美国，通常以独立董事成立特别诉讼委员会（SLC）来对股东先诉申请进行审查。我国法律没有规定特别诉讼委员会制度，也没有明确规定法院能否对前置审查的结论再进行审查，只要公司拒绝股东请求，股东派生诉讼即可提起。特别诉讼委员会常常拒绝股东的先诉申请并能得到法院的支持，法院推翻其做出的不起诉决定多以特别诉讼委员会缺乏独立性为由。我国应考虑在国有上市公司高管薪酬问题上由行使出资人职责的机构来进行前置审查，避免股东进行滥诉，并能在化解内部问题上起到一定作用。

（三）改善诉讼费用体制，合理降低原告的负担

对诉讼费负担问题，我国可以借鉴其他大陆法系国家的一些做法，例如日本和韩国将股东派生诉讼案件界定为非财产性案件，一律按照固定数额收取案件受理费用。现今，日本通常认为应当将股东派生诉讼请求权界定为非财产请求权。因其目的是维护公司的整体利益而非个人的利益，如果将股东派生诉讼界定为财产权请求，自然会导致高昂的诉讼费用，从而影响股东派生诉讼提起权的行使。再者，从诉讼费的分担机制来看，各国公司法及其司法实践的大体做法是原告胜诉，由公司承担诉讼的费用；原告股东在败诉时需自行承担诉讼费用。如《日本公司法典》第852条第1款即规定了股东胜诉（含部分胜诉）的情形下公司支付相关费用数额内或该薪酬范围内被认为适当的金额[①]。胜诉时由公司承担诉讼费明显是具有合理性的，但在原告善意提起诉讼且败诉时无条件地要求其承担诉讼费用，同样缺乏科学性。应当增设对原告股东善恶意图的审查机制，结合前置程序中审查机构对先诉申请的回应，以普通人视角判断该回应是否全面、具体，能足以打消疑义。

（四）完善薪酬取回权制度，落实新的司法介入路径

国有企业是一类特殊的企业，其薪酬制定和发放不当除了可能引发一系列社会问题、经济问题之外，或还可能导致国有资产的流失，这关乎全体国民利益。所以落实积极有效的薪酬取回制度在我国十分必要。一方面该制度可以实现资产的保值增值，高管从企业中获得不合理薪酬，这本身就是变相侵犯国有资产的行为，只有薪酬取回制度的设立，才能更好地追回不合理薪酬，挽回国有资产损失。一方面该项制度的设立可以对高管有提前预警和警示作用，合理评估不合理薪酬预期的法律效果，使其能更好地履行义务为企业服务。另一方面高管薪酬追回制度也有一定的法律基

---

① 青木昌彦，等.经济体制的比较制度分析［M］.魏加宁，等，译.北京：中国发展出版社1999：45-49.

础，《关于深化收入分配制度改革的若干意见》中已经明确提出要推广国企高管薪酬延期支付和追索扣回制度。2016年的《上市公司股权激励管理办法》第68条规定也初步建立起了我国上市公司高管薪酬的取回制度，上市公司高管薪酬取回权主要针对股票期权收入的追回，股票期权的授予日到行权日有相当长的时间限制，《企业破产法》中界定的非法处置公司财产等的限制难以对其适用。该项制度应当不断加以完善。例如，上市公司高管获得的不当离职补偿也应属于追回范围，还应该规定适当的追溯期等。第68条最后一款规定了董事会行使收回权。国有上市公司的取回权的行使主体除了董事会之外，还可以规定行使出资人职责的部门也有权行使，以加大取回权制度施行的力度。对董事会怠于行使职权的情形也应进行完善，以有效应对"董董"相护，拖延取回等行为。鉴于我国国有企业薪酬取回制度的必要性和可行性研究，应该在法律和实践上逐渐完善该项制度。首先要明确薪酬取回的范围，鉴于美国《萨班斯法案》和《多德-弗兰克法案》的规定，将追回对象进一步扩展，既除了当下担任公司要职的高管外，将前任董事长、经理、财务负责人等均纳入追回范围。同时将薪酬的范围确定为3年内高管的超额薪酬。其次是明确高管薪酬追回的应用场景，高管薪酬的记载和核算主要在公司的财务报告中，财务报告的不实记载、错误记载以及重大纰漏等都可能导致高管获得不当薪酬，所以出现瑕疵的财务报告理应成为薪酬追回的应用场景。但该场景不能作为唯一应用场景，也就是即便高管不存在财务欺诈或财务会计报告中没出现核对失误等情形，对于高管所获得的超额不当薪酬也要予以追回，这是公平性和公正性的客观要求。最后是明确实施主体和程序，国企高管不当薪酬追回直接的受益主体是国有企业，所以国有企业理应成为追回的主体，但行政力量也确有必要，利用有效的行政权力，为国资委或证监会等设置相关的处罚机制，确保薪酬取回制度畅通。对于追回的程序，可以由公司的董事会率先发起追回的决定并实施行动，有牵连的高管需要进行回避，如董事会无法正常履行相关行为，可以委托监事会予以履行，如果监事会也不予采取追回行为的，由国资委等政府部门履行行政职权予以追回或者由公司的其他股东发起股东派生诉讼予以追回。

（五）完善股权激励法律法规，提升薪酬委员会、监事会的作用

2016年《上市公司股权激励管理办法》施行，股权激励办法在试行十年后终获正名，表明经过十年的试行，当局对全面推行上市公司股权激励充满信心。但是，目前仍没有改变股权激励规范层级较低的现状，究其原因一方面，国家对股权激励在国有上市公司中的推行会否导致国有资产流失、国有股权重不断降低、公司员工与高管收入差距的巨幅扩大等的担心仍然存在。另一方面，对股权激励进行法律法规层面的全面制度供给与否，实际上也较为纠结。在我国，规章形成的效用与法律法规常常是一致的，只是在法律工作者看来，缺乏了法律支撑的国有上市公司的股权激励制度少了些许稳定性和法治味道而已。在国有上市公司的高管看来，十年来的股权激励试水实际上取得了重大突破，相信国有上市公司也会伺机而动，更大范围地推行股权的激励计划。新规在规定独立董事和监事监督权利的同时，相关法律法规还应当就独立性保障措施进行优化，以切实发挥内部监督作用。为此，本书建议，可由国务院国资委牵头，建立全国性的独立董事库，国有上市公司的独立董事必须从库里以随机抽取等方式产生。该制度的核心即通过对独立性的保障，来真正发挥独立董事在公司薪酬治理中的作用。

结　论

由于企业高管薪酬问题关乎社会分配等核心问题，所以其日益受到社会关注，在全世界范围内都是一个迫切需要解决的难题。而随着我国改革开放的发展以及国企改革的深入，国企高管薪酬问题日渐突出，高管的薪酬畸高及不合理导致了社会的广泛议论。从经济学角度对国企高管薪酬问题开展相关性、制定标准等研究已经屡见不鲜，从中找出理论与研究基点并已判断由市场机制无法自动调节的情况下，引入法律规制和保障已经成为社会的一种共识，而我国《公司法》的制定也为国企高管薪酬法律规制奠定了良好的基础。2022年《公司法》（修改意见稿）发布，其中有关强化控股股东和经营管理人员的责任的修改事项列支，包括完善董事、监事、高级管理人员忠实义务和勤勉义务的具体内容；强化董事、监事、高级管理人员维护公司资本充实的责任，包括：股东欠缴出资和抽逃出资，违反本法规定分配利润和减少注册资本，以及违反本法规定为他人取得本公司股份提供财务资助时，上述人员的赔偿责任；董事、高级管理人员执行职务，因故意或者重大过失，给他人造成损害的，应当与公司承担连带责任等相关议题，虽然目前尚未对外发布正式修改版，但从修改意见稿中我们也可以看到国家对于公司治理相关问题的关注。同时也期待在法律制度不断的供给中能逐步完善高管薪酬制度。除此之外，现如今，我国国企高管薪酬采用股权激励的形式变得越来越普遍，激励部分的比例越来越高，这是国企高管薪酬上涨的一个主要因素，真实反映出整个资本市场的客观性变化趋势，也有可能引发出新的代理问题，导致国企高管薪酬激励机制偏离正常轨道。因此本书主要从薪酬决定权分配、薪酬决定标准、信息披露、司法介入四个方面深入剖析国企高管薪酬法律规制问题，得出以下结论。

1. 关于我国国企高管薪酬决定权分配的法律问题，以《公司法》为基础，对国企高管薪酬决定权进行法理分析，提出我国国企高管薪酬决定权法律规制的两个重点问题：包括法律赋予股东的话语权问题、法律框架下薪酬委员会的独立性问题。国企高管薪酬属于日常经营中的一项管理事务，应在董事会的引导下强化股东的话语权，使国企高管薪酬决定处在股东的监督之下，同时还要注意法律框架下薪酬委员会的独立性问题。同时分享国外对企业高管薪酬决定权法律规制的实践启示，包括英、美公司法的干预，德国公司法的干预，日、韩公司法的干预，并提出我国国企高管薪酬决定权的法律规制对策，包括国企高管薪酬决定权的立法现状及权力分配、国企高管薪酬决定权的评价及完善。整体来看，我国国企高管薪酬决定权的法律规制，需要采取综合借鉴的方式，使法律规制符合我国的国情。

2. 关于国企高管薪酬标准和设计问题，本书从经济学角度入手进行理论和实证分析，给出薪酬标准的原则性建议和设计流程。再从市场机制失灵需要法律进行有效调控的现实场景入手，明确薪酬确定后的控制体系问题。从法律角度，国家出台国有企业分类分级管理举措，按照不同的企业分级确定薪酬制定参考依据，主要分为竞争性国企、功能性国企和公益性国企，其挂钩的指标均有所差距，本书已一一给予回应。

3. 关于我国国企高管薪酬信息披露的法律规制问题，主要包括立法和优先权问题。从立法方面看，信息披露有助于各方主体信息对称，使国企高管薪酬受到更多的监督，有助于相关问题的借鉴，提高法律规制的力度。从优先权来看，信息披露应在诸多权利中具备一定的优先权。这就需要吸收国外关于企业高管薪酬信息披露的实践启示，包括美国关于企业高管薪酬信息披露的实践启示、其他国家关于企业高管薪酬信息披露的实践启示。美国对公司高管薪酬信息披露的要求较为苛刻，这方面的信息应详细披露，以增强事后监督的可靠性。美国公司的高管薪酬信息披露主要是表格披露，其次是叙述性披露。欧盟国家对高管薪酬信息披露的要求从简单发展成严格，处在不断完善之中。因此需要制定我国国企高管薪酬信息披露的法律规制对策。对信息披露形式上予以创新，以可读性和实用性为标准予以完善，可采取图表和叙述等多重方式结合，也可以按照现代信息技术的发展，有的放矢地创建电子披露平台。

4. 关于我国国企高管薪酬不当的司法介入问题，包括高管薪酬及相关主体的确定问题、不当高管薪酬对公司及中小股东利益损害问题、司法审查的程序公正性问题、不当薪酬追回问题等，本书通过理论分析，认为我国国企高管薪酬司法介入确有现实必要性。从国外关于企业高管薪酬司法介入的实践启示看，美国关于高管薪酬的司法介入实践与其他国家有所不同，强调正当性审查方面的三大标准，并且严格遵循商事判断原则。西方国家还有一种新的司法介入途径：薪酬取回权制度。我国国企高管薪酬的司法介入应制定一定的对策，包括我国国企高管薪酬的司法介入基础，国际通用的三大标准、商事判断规则与薪酬合理性，我国国企高管薪酬司法介入存在的问题，我国国企高管薪酬合理性判断司法介入措施，薪酬取回制度的完善等。

从整体来看，我国国企高管薪酬制度的制定，主要是为了降低代理成本，解决新型代理和收入分配问题。由于国企是我国国民经济的核心组成部分，在国企改革日益深入的背景下，强化国企高管的薪酬法律规制有着重要的社会价值和意义，能够维护社会的公平正义。站在客观角度，国企高管付出了智慧和汗水，理应得到相应的回报，但他们的薪酬应控制在一个合理的范围内，才符合社会主义经济发展规律，而这一基准线的设立，需要市场、政府以及立法部门的共同努力才能实现，这也正是本书所要表达的一个立场。

鉴于研究时间有限，本书还存在着一些不足，例如国企高管薪酬激励措施究竟能起到多大的作用，该如何去实施激励，《公司法》2022年修订后有关高管义务、职责、连带责任等规定有关高管薪酬会产生怎样后续的影响，还没有进行深入的研究，希望在今后的研究中能加以改进。

参考文献

（一）译文著作

［1］托马斯·莱赛尔，吕迪格·法伊尔. 德国资合公司法［M］. 高旭军，等，译. 北京：法律出版社，2005.

［2］亨德里克斯. 组织的经济学与管理学：协调、激励与策略［M］. 胡雅美，译. 北京：中国人民大学出版社，2007.

［3］布莱恩·柴芬斯. 公司法：理论、结构和运作［M］. 林华伟，魏是，译. 北京：法律出版社，2001.

［4］T. W. 舒尔茨. 论人力资本投资［M］. 吴珠华，等，译. 北京：北京经济学院出版社，1990.

［5］阿道夫·伯利，加德纳·米恩斯. 现代公司与私有财产［M］. 甘华鸣，等，译. 北京：商务印书馆，2005.

［6］艾拉·凯，斯蒂文·范·普腾. 企业高管薪酬［M］. 徐怀静，等，译. 北京：华夏出版社，2010.

［7］米尔霍普，皮斯托. 法律与资本主义：全球公司危机揭示的法律制度［M］. 罗培新，译. 北京：北京大学出版社，2010.

［8］伯利，米恩斯. 现代公司与私有财产［M］. 甘华鸣，等，译. 上海：商务印书馆，2005.

［9］戴维·凯里，约翰·莫里斯. 资本之王［M］. 巴曙松，译. 北京：中国人民大学出版社，2011.

［10］弗兰克·伊斯特布鲁克，丹尼尔·费希尔. 公司法的经济结构［M］. 张建伟，罗培新，译. 北京：北京大学出版社，2005.

［11］莱纳·克拉克曼，保罗·戴维斯，等. 公司法剖析：比较与功能的

视角［M］.刘俊海，徐海燕，等，译.北京：北京大学出版社，
2007，

［12］理查德·波斯纳.法律、实用主义与民主［M］.凌斌，李国庆，译.
北京：中国政法大学出版社，2005.

［13］罗伯特·席勒.金融与好的社会［M］.束羽，译.北京：中信出版
社，2012.

［14］罗伯特·汉密尔顿.美国公司法［M］.齐东祥，等，译.北京：法律
出版社，2008.

［15］罗伯特·克拉克.公司法则［M］.胡平，等，译.北京：工商出版
社，1991.

［16］卢西恩·伯切克，杰西·弗里德.无功受禄：审视美国高管薪酬制度
［M］.赵立新，等，译.北京：法律出版社，2009年.

［17］莫顿·霍维茨.美国法的变迁：1780—1860［M］.谢鸿飞，译.北
京：中国政法大学出版社，2005.

［18］马克·罗伊.公司治理的政治维度：政治环境与公司影响［M］.陈
宇峰，张蕾，陈国营，等，译.北京：中国人民大学出版社，2008.

［19］乔治·米尔科维奇，杰里·纽曼.薪酬管理［M］.董克用，译.北
京：中国人民大学出版社，2002.

［20］扎比霍拉哈·瑞扎伊.后《萨班斯——奥克斯利法》时代的公司治理
［M］.陈宇，译.北京：中国人民大学出版社，2009.

［21］奥岛孝康.公司法论点集［M］.北京：法学出版社，1992.

［22］青木昌彦，钱颖一.转轨经济中的公司治理结构：内部人控制和银行
的作用［M］.北京：中国经济出版社，1995.

［23］青木昌彦，等.经济体制的比较制度分析［M］.魏加宁，等，译.北
京：中国发展出版社，1999.

［24］保罗·戴维斯.英国公司法精要［M］.樊云慧，译.北京：法律出版
社，2007.

［25］费伦.公司金融法律原理［M］.罗培新，译.北京：北京大学出版
社，2012.

［26］罗纳德·哈里·科斯，王宁.变革中国：市场经济的中国之路［M］.
徐尧，李哲民，译.北京：中信出版社，2013.

（二）中文著作

［1］曹兴权.公司法的现代化：方法与制度［M］.北京：法律出版社，
2007.

［2］蔡立东.公司自治论［M］.北京：北京大学出版社，2006.

［3］陈富良.放松规制与强化规制［M］.上海：上海三联书店，2001.

［4］邓峰.普通公司法［M］.北京：中国人民大学出版社，2009.

［5］段威.公司治理模式论——以公司所有和公司经营为研究视角［M］.
北京：法律出版社，2007.

［6］高明华.中国上市公司高管薪酬指数报告［M］.北京：经济科学出版
社，2013.

［7］黄群慧.企业家激励约束与国有企业改革［M］.北京：中国人民大学
出版社，2000.

［8］姜颖.劳动合同法论［M］.北京：法律出版社，2006.

［9］孔永祥.公司治理结构：理论与实证研究［M］.上海：上海三联书
店、上海人民出版社，2002.

［10］刘波.资本市场结构——理论与现实选择［M］.上海：复旦大学出
版社，1999.

［11］李建伟.公司制度、公司治理与公司管理——法律在公司管理中的地
位与作用［M］.北京：人民法院出版社，2005.

［12］罗宏，等.我国垄断企业高管薪酬机制研究——薪酬管制的视角
［M］.上海：立信会计出版社，2014.

［13］罗培新.公司法的合同解释［M］.北京：北京大学出版社，2004.

［14］罗培新，卢文道.最新证券法解读［M］.北京：北京大学出版社，
2006.

［15］庞春祥.公司本质论［M］.哈尔滨：黑龙江大学出版社，2013.

［16］强世功.法制与治理——国家转型中的法律［M］.北京：中国政法

大学出版社，2003.

［17］冉春芳. 高管权力、能力与高管超额薪酬研究［M］. 成都：西南财经大学出版社，2016.

［18］隋平. 奥巴马新政美国（Dodd-Frank法案）评析［M］. 北京：法律出版社，2011.

［19］苏永钦. 走入新世纪的私法自治［M］. 北京：中国政法大学出版社，2002.

［20］杨继东. 高管薪酬影响因素研究：理论与证据［M］. 北京：中国人民大学出版社，2013.

［21］岳军. 公共投资与公共产品的有效供给研究［M］. 上海：上海三联出版社，2009.

［22］政平. 股东有限责任——现代公司法律之基石［M］. 北京：法律出版社，2001.

［23］余英时. 民主制度与现代文明［M］. 广西：广西师范大学出版社，2006.

［24］曾小青. 公司治理、受托责任与审计委员会制度研究［M］. 大连：东北财经大学出版社，2005年.

［25］朱敏. 中国上市公司高管股票期权激烈有效性研究［M］. 成都：西南财经大学出版社，2014.

［26］朱羿锟，等. 高管薪酬：激励与控制［M］. 北京：法律出版社，2014.

［27］张民安. 公司法上的利益平衡［M］. 北京：北京大学出版社，2003.

［28］张正堂. 企业家报酬的决定理论与实证研究［M］. 北京：经济管理出版社，2003.

［29］张维迎. 企业的企业家——契约理论［M］. 上海：上海人民出版社，1995.

［30］张维迎. 理解公司：产权、激励与治理［M］. 上海：上海人民出版社，2014.

［31］赵汀阳. 第一哲学支点［M］. 上海：生活. 读书. 新知三联书店，

2013.

［32］赵汀阳. 坏世界研究：作为第一哲学的政治哲学［M］. 北京：中国
人民大学出版社，2009.

［33］赵万一. 商法独立与独立的商法：商法精神与商法制度管窥［M］.
北京：法律出版社，2013.

（三）英文期刊

［1］Chingos Peter. Executive Compensation in the 1990s: The Challenges Ahead[J]. Compensation & Benefits Review, 1990, 22(6):20-30.

［2］CookAlison IngersollAlicia R GlassChristy. Gender gaps at the top: Does board composition affect executive compensation[J]. Human Relations, 2019, 72(8):1292-1314.

［3］FarrisPaul W. HaskinsMark E. PfeiferPhillip E. Do Economic Profit Companies Walk Their Compensation Talk[J]. Compensation & Benefits Review, 2016, 48(1):29-46.

［4］Grossman Wayne Cannella Albert A. Jr. The Impact of Strategic Persistence on Executive Compensation[J]. Journal of Management, 2006, 32(2):257-278.

［5］HuffmanMatt L. ShinTaekjin. The Gender Gap in Executive Compensation[J]. The ANNALS of the American Academy of Political and Social Science, 2012, 639(1):258-278.

［6］Jasso Guillermina Meyersson Milgrom Eva M. Distributive Justice and CEO Compensation[J]. Acta Sociologica, 2008, 51(2):123-143.

［7］Lissy William E. Currents in Compensation and Benefits[J]. Compensation & Benefits Review, 1993, 25(6):7-16.

［8］Meltzer Mark Goldsmith Howard. Executive compensation for Growth Companies[J]. Compensation & Benefits Review, 1997, 29(6):41-50.

［9］OttoJames M. FlanneryThomas P. Ensuring Compensation Committees Understand the Impact of the Excise Tax on Provider and Executive

Compensation[J]. Compensation & Benefits Review, 2018, 50(3):160-173.

［10］Paulin George B. Executive Compensation and Changes mn Control: A Search for Fairness[J]. Compensation & Benefits Review, 1997, 29(2):30-40.

［11］Roach George P. Goedde Alan . CEO Compensation in the Pharmaceutical Industry[J]. Compensation & Benefits Review, 2003, 35(5):66-81.

［12］Santalo Juan Kock Carl Joachim. Division Director Versus CEO Compensation: New Insights Into the Determinants of Executive Pay[J]. Journal of Managemen, 2009, 35(4):1047-1077.

［13］SuarezSandra L. Symbolic Politics and the Regulation of Executive Compensation[J]. Politics & Society, 2014, 42(1):73-105.

［14］Thatcher Laura G. Executive Compensation Restrictions Under the American Recovery and Reinvestment Act of 2009[J]. Compensation & Benefits Review, 2009, 41(3):20-28.

［15］VarkkeyBiju KordeRupa WadhwaniyaSunny. Changes in the Executive Bonus Payment Patterns in India Between 2008 - 2016: Some Evidences[J]. Compensation & Benefits Review, 2017, 49(2):63-86.

［16］Sandeep Gopalan. Say on Pay, and the SEC Disclosure Rules: Expressive Law and CEO Compensation[J]. Pepperdine Law Review, 2014, 73(3):66-76.

［17］Jennifer G Hill. Charles M. Yablon, Corporate Governance and Executive Remuneration:Rediscovering Managerial Positional Conflict[J]. University of New South Wales Law Journal, 2012, 25(7):398-408.

［18］Kym Sheehan. The Regulatory Framework for Executive Remuneration in Australia[J]. Sydney Law Review, 2015, 31(6):55-63.

［19］Randall S. Thomas. Lessons from the Rapid Evolution of Executive Remuneration Practices in Australia: Hard Law[J]. Boards and Consultants, 2017, 33(8):192-203.

［20］Brain R. Cheff'ms. The Metamorphosis of Germany Inc. ":The Case of Executive Pay[J]. American Journal of Comparative Law, 2001, 49(7):122-133.

[21] Rashid Bahar. Executive Compensation: Is Disclosure Enough? Conflicts of Interest: Corporate Governance and Financial Markets[J]. Kluwer Law International, 2014, 27(2):39-50.

[22] Janice Key McClendon. Bringing the Bulls to Bear:Regulating Executive Compensation toRealign Management and Shareholders'Interest and Promote Corporate Long-Term Productivity[J]. Wake Forest Law Review, 2016, 39(4):779-789.

[23] Simone M. Sepe. Making Sense of Executive Compensation[J]. Delaware Journal of CorporateLaw, 2011, 36(11):76-87.

[24] Jennifer G Hill. New Trends in the Regulation of Executive Remuneration[J]. Directions in Trouble Times, Ross Parsons Centre of Commercial, Corporate and Taxation Law, 2015, 37(12):44-56.

[25] Cuido A. Ferrarini} Niamh Moloney. Executive Remuneration and Corporate Governance in theEU: Convergence, Divergence and Reform Perspective[J]. European Company and Financial Law Review, 2016, 65(1):69-80.

[26] Brian R. Cheff'ms, Randall S. Thomas. The Globalizarion (Americanizarion) of Execurive Pay[J]. Berkeley Business Law Journal, 2016, 33(3):11-24.

[27] Lazear E. , S. Rosen. Rank Order Tournaments as Optimum Labor Contracts[J]. Journal of Political Economy, 2011, 89(5):841-874.

[28] Bernard, Carole Boyle, Phelim Chen, Jit Seng. Power Options in Executive Compensation[J]. Thejournal of derivatives, 2016, 23(3):9-20.

[29] Humphery-Jenner, Mark Lisic, Ling Lei Nanda, Vikram Silveri, Sabatino Dino. Executive overconfidence and compensation structure[J]. Journal of financial economics, 2016, 119(3):533-558.

[30] Pepper, Alexander Gore, Julie. Behavioral Agency Theory: New

Foundations for Theorizing About Executive Compensation[J]. Journal of management, 2015, 41(4):1045-1068.

[31] Ingolf Dittmann Ernst Maug Oliver G. Spalt. Indexing Executive Compensation Contracts[J]. The review of financial studies, 2013, 26(12):3182-3224.

[32] Carole Bernard Olivier Le Courtois. Performance Regularity: A New Glass of Executive Compensation Packages[J]. Asia-Pacific Financial Markets, 2012, 19(4):353-370.

[33] Miguel A. Ferreira Claudia Custodio Pedro Matos. Generalists versus specialists: Lifetime work experience and chief executive officer pay[J]. Journal of financial economics, 2013, 108(2):471-492.

[34] James J. Angel Douglas M. McCabe. The Ethics of Managerial Compensation: The Case of Executive Stock Options[J]. Journal of business ethics, 2017, 78(1):225-235.

[35] Larcker, D. F. Armstrong, C. S. Su, C. -L. Endogenous selection and moral hazard in compensation contracts[J]. Operations Research: The Journal of the Operations Research Society of America, 2010, 58(4):1090-1106.

[36] Borja Larrain Francisco Gallego. CEO compensation and large shareholders: Evidence from emerging markets[J]. Journal of comparative economics, 2012, 40(4):621-641.

[37] Demetra Arsalidou. The Regulation of Executive Pay and Economic Theory[J]. The journal of business law, 2011, 57(5):431-456.

（四）中文期刊

[1] 王彦明，王红云. 国企高管自定薪酬的局限性及其法律规制［J］. 法学，2019（8）.

[2] 黎明，陈丹蕾. 国企高管薪酬制度的国际比较与借鉴［J］. 会计之友，2017（1）.

［3］张秋燕，邹梦婷，孟祥瑜.企业集团子公司高管薪酬的参照点效应研究——来自A股上市公司的证据［J］.中国地址大学学报（社会科学版），2022（3）.

［4］王彦明，王红云.国有企业高管篡夺公司机会的法律规制——企业法与刑法衔接视域下的国企腐败防控［J］.吉林大学社会科学学报，2017（6）.

［5］刘永丽，王凯莉.高管薪酬结构、团队稳定性与企业绩效研究［J］.财会月刊，2018（16）.

［6］桂良军，郭馨楠.高管薪酬攀比与薪酬契约有效性［J］.财会月刊，2018（6）.

［7］汤建洋，黄东风.高管薪酬激励、内部薪酬差距与企业信息透明度——基于我国A股上市企业的实证研究［J］.南方金融，2017（8）.

［8］李建伟.高管薪酬规范与法律的有限干预［J］.政法论坛，2008（3）.

［9］楼秋然.国企高管薪酬：个性特征、中国问题与规制路径［J］.市场前沿，2020（6）.

［10］唐国平，孙洪峰.环境规制、风险补偿与高管薪酬——基于新《环境保护法》实施的经验证据［J］.经济管理.2022（7）.

［11］崔久久，刘俊勇.董事会连通性与高管薪酬有效性——来自相对业绩评价的经验证据［J］.山西财经大学学报，2022（3）.

［12］谭艳，徐玉林，秦帅，谭劲松.独立董事信息获取与高管薪酬合理性——来自股东大会的经验证据［J］.会计与经济研究，2022（1）.

［13］江玉蓉.美国高管薪酬追回制度最新发展与启示［J］.江淮论坛，2017（3）.

［14］潘欣，李绍龙，贺伟.高管团队薪酬差异与企业绩效关系的研究进展［J］.中国人力资源开发，2014（3）.

［15］刘辉，干胜道.高管薪酬公平性的认知影响因素研究［J］.河南师范大学学报（哲学社会科学版），2014（1）.

［16］骆舒晴.中国上市公司高管薪酬的法律介入［J］.浙江金融，2014

（2）．

[17] 陈华，包也，孙汉. 高管薪酬与社会责任报告的印象管理［J］. 上海财经大学学报，2021（4）．

[18] 卫志民，刘鸿娟. 论我国垄断行业国企高管薪酬的规制创新——基于垄断行业国企上市公司的实证分析［J］. 江苏行政学院学报，2014（6）．

[19] 张长征，高灼琴，王硕. 新-老CEO自主权的薪酬操纵效应比较研究——来自中国制造业上市公司的经验证据［J］. 工业工程与管理，2016（2）．

[20] 许丹. 高管薪酬激励是否发挥了既定效用——基于盈余管理权衡视角的经验证据［J］. 现代财经（天津财经大学学报），2016（3）．

[21] 陈霞，马连福，丁振松. 国企分类治理、政府控制与高管薪酬激励——基于中国上市公司的实证研究［J］. 管理评论，2017（3）．

[22] 薛胜昔，李培功. 地理位置与公司高管薪酬——来自中国上市公司的经验证据［J］. 中央财经大学学报，2017（1）．

[23] 蒋建湘. 国企高管薪酬法律规制研究［J］. 中国法学，2012（1）．

[24] 翟爱梅，张舒然. 高管权力与激励薪酬操纵研究［J］. 中山大学学报（社会科学版），2013（5）．

[25] 李健欣，蒋华林，马鹏. 国有企业高管薪酬与股价崩盘风险——"有效管制"还是"过度约束"？［J］中南财经政法大学学报，2021（3）．

[26] 黄再胜. 高管薪酬决定的调整：锚定效应理论透视［J］. 广东财经大学学报，2016（1）．

[27] 张栋，郑红媛. 薪酬管制对国有上市银行高管薪酬及与员工薪酬差距影响研究［J］. 金融理论与实践，2015（1）．

[28] 杨栋，樊颖洁. 上市公司高管薪酬公平性研究述评［J］. 财会月刊，2016（28）．

[29] 江伟，彭晨，胡玉明. 高管薪酬信息披露能提高薪酬契约的有效性吗［J］. 经济管理，2016（1）．

［30］陆岷峰，虞鹏飞.从风险管理视角论商业银行高管薪酬改革［J］.北京交通大学学报（社会科学版），2016（2）.

［31］罗昆，杨蓉.同业参照比运气和才能更重要吗——高管薪酬影响因素的探索性研究［J］.南方经济，2015（12）.

［32］周晖，邓舒.高管薪酬与环境绩效——基于上市公司外部治理环境的视角［J］.上海财经大学学报，2017（5）.

［33］喻微锋，陈志建.中国上市银行高管薪酬合理吗?——基于双边随机边界模型的实证研究［J］.金融发展研究，2017（6）.

［34］张楠，卢洪友.薪酬管制会减少国有企业高管收入吗——来自政府"限薪令"的准自然实验［J］.外国经济与管理，2017（4）.

［35］任广乾.国有企业高管超额薪酬的实现路径及其约束机制研究［J］.西南大学学报（社会科学版），2017（2）.

［36］张宜霞，石大鹏.行业垄断、薪酬管制与高管货币性薪酬——基于中国上市公司的实证研究［J］.会计之友，2017（1）.

［37］李东升，余振红，连军.高管超额薪酬与企业绩效的非线性异质关系检验［J］.财会月刊，2018（8）.

［38］梁上坤，李烜博，陈玥.公司董事联结与薪酬契约参照——中国情境下的分析框架和经验证据［J］.中国工业经济，2019（6）.

［39］杨蓉，罗昆.新任高管、同业参照效应与高管薪酬增长［J］.华东师范大学学报（哲学社会科学版），2017（2）.

［40］张弛，国有企业高管薪酬研究的理论探索［J］.学习与探索，2021（5）.

［41］朱羿锟.论企业高管薪酬包容性增长机制［J］.法学评论，2014（3）.

［42］袁春生，唐松莲.外部董事与高管薪酬激励：经理市场的调节作用——基于民营上市公司的经验研究［J］.山西财经大学学报，2015（5）.

［43］潘爱玲，吴倩，李京伟.高管薪酬外部公平性、机构投资者与并购溢价［J］.南开管理评论，2021（1）.

［44］黄再胜.高管薪酬自愿性披露存在信息操纵吗——来自中国上市公司的经验证据［J］.南开管理评论，2013（4）.

［45］罗建兵，邓德胜.企业激励和政府规制下的高管薪酬研究［J］.技术经济与管理研究，2015（1）.

［46］刘建秋，李四海，王飞雪，曹瑞青."论资排辈"式高管薪酬与企业生产效率研究［J］.南开管理评论，2021（1）.

［47］柴才，黄世忠，叶钦华.竞争战略、高管薪酬激励与公司业绩——基于三种薪酬激励视角下的经验研究［J］.会计研究，2017（6）.

［48］鄢伟波，邓晓兰.国有企业高管薪酬管制效应研究——对高管四类反应的实证检验［J］.经济管理，2018（7）.

［49］罗昆，徐智铭.契约参照点、高管才能与高管薪酬——来自中国情景下行业属性和产权性质的经验证据［J］.华中农业大学学报（社会科学版），2018（1）.

［50］王熹，陈雪.薪酬管制、高管薪酬参照点效应与国有企业风险承担［J］.安徽大学学报（哲学社会科学版），2022（4）.

［51］杜媛，徐晴，贾凡胜，双重股权公司中双重身份高管的薪酬安排——激励还是自利？［J］.上海财经大学学报，2021（1）.

［52］黎四奇.金融机构高管薪酬治理：基于公平性正义的立场［J］.法商研究，2021（1）.

［53］许启发，邓错，蒋翠侠.高管特征与激励方式对上市公司绩效影响的回归分析［J］.财会月刊，2016（21）.

［54］袁胜军，匡倩，李青萍.上市公司高管团队薪酬差距影响因素——基于沪深300数据的实证研究［J］.会计之友，2016（11）.

［55］张洪辉，章琳一.薪酬契约有效性、风险承担与公司治理［J］.山西财经大学学报，2017（9）.

［56］祁怀锦，邹燕.高管薪酬外部公平性对代理人行为激励效应的实证研究［J］.会计研究，2014（3）.

［57］田杨群.国有企业高管薪酬设计和管理若干问题再审视——基于完善收入分配制度的视角［J］.理论导刊，2014（3）.

［58］李从刚，许荣，路璐，李跃然.董事高管责任保险与高管薪酬——业绩敏感性［J］.中央财经大学学报，2020（11）.

［59］曹慧.薪酬差距与企业绩效：国有与非国有上市公司比较研究［J］.财会通讯，2015（18）.

［60］陈胜军，李春玲，张旭.我国非金融类上市公司高管薪酬粘性研究［J］.北京工商大学学报（社会科学版），2015（2）.

［61］姚建峰，喻凡，甘家武.国有企业高管薪酬管制与委托代理问题［J］.西部论坛，2020（5）.

［62］金晓燕.政府规制、公司治理与国企高管薪酬约束机制研究［J］.郑州大学学报（哲学社会科学版），2016（2）.

［63］李禹桥，陈林.国有企业分类改革与高管薪酬［J］.赣南学报（哲学社会科学版），2020（4）.

［64］佘祥云，蔡璐.高管薪酬、员工薪酬对公司绩效的影响分析——基于A股上市公司的经验数据［J］.商业经济研究，2017（4）.

［65］张蕊，管考磊.高管薪酬差距会诱发侵占型职务犯罪吗?——来自中国上市公司的经验证据［J］.会计研究，2016（9）.

［66］李玉霞.高管薪酬差距、内部控制和盈余管理——基于公平感知度的经验证据［J］.财会通讯，2017（3）.

［67］张蕊，廖佳，王洋洋.关键下属高管—CEO薪酬差距与公司业绩及其波动性——来自中国证券市场的经验证据［J］.证券市场导报，2018（9）.

［68］宋清华，胡世超，毛庆.金融机构高管薪酬存在风险敏感性吗?——基于中国上市金融机构的经验证据［J］.财经理论与实践，2018（4）.

［69］徐沛勋.高管薪酬、董事会治理与分类转移［J］.财贸经济，2020（3）.

［70］胡玲，陈黎琴，黄速建.高管薪酬、公司治理与企业绩效的实证分析［J］.中国社会科学院研究生院学报，2012（4）.

［71］步丹璐，黄旭兰，李华.企业并购影响高管薪酬业绩敏感性吗?——

基于中国国有上市公司的实证分析［J］.中国注册会计师，2012（11）.

［72］陈晓珊，施赟.上市公司高管薪酬的粘性特征研究：异质性视角［J］.当代经济管理，2020（8）.

［73］梁彤缨，陈波，陈欣.高管团队内部薪酬差距与公司绩效——基于不同薪酬水平作用下的实证研究［J］.广东商学院学报，2013（5）.

［74］骆舒晴，廖志敏.中国上市公司高管薪酬的法律介入［J］.上海金融，2014（7）.

［75］苑泽明，程思恬，范琳.经济政策不确定性与高管薪酬业绩敏感性［J］.会计之友，2020（4）.

［76］路军伟，韩菲，石昕.高管薪酬激励、管理层持股与盈余管理偏好——基于对盈余管理方式的全景式考察［J］.山西财经大学学报，2015（11）.

［77］朱蓉.高管薪酬契约、风险控制与企业绩效——中国上市银行的实证分析［J］.金融理论与实践，2015（7）.

［78］任广乾.周雪娅，石晓倩.国有控股、高管薪酬与企业业绩［J］.郑州大学学报（哲学社会科学版），2019（4）.

［79］张兴亮，夏成才.高管薪酬激励的经济外部性实证研究——基于债权人利益保护视角［J］.华东经济管理，2015（6）.

［80］陈承，万珊，朱乐.国企高管薪酬与企业社会责任——组织冗余与市场化进程的调节作用［J］.中国软科学，2019（6）.

［81］张继德，姜鹏.股权结构、产权性质与高管薪酬粘性——基于我国A股上市公司的实证研究［J］.北京工商大学学报（社会科学版），2016（6）.

［82］方明，徐秋月，张文琪.高管薪酬结构对上市公司自愿性环境信息披露的影响——基于高管团队异质性的调节作用［J］.财会月刊，2018（10）.

［83］潘卓，贾月伟.行业管制、外部治理环境与高管薪酬外部公平性［J］.财会通讯，2018（3）.

［84］万媛媛，井润田，刘玉焕.中美两国上市公司高管薪酬决定因素比较研究［J］.管理科学学报，2018（2）.

［85］朱春艳，罗炜.上市公司自愿信息披露与高管薪酬绩效敏感度［J］.会计研究，2019（5）.

［86］李晓创，高文书.高管薪酬影响因素的实证分析——兼论资本密集度的薪酬效应［J］.云南财经大学学报，2013（2）.

［87］罗昆，徐智铭.契约参照点、高管才能与高管薪酬——来自中国情景下行业属性和产权性质的经验证据［J］.华中农业大学学报（社会科学版），2018（1）.

［88］金静，汪燕敏.高管薪酬外部公平性、产权性质与企业风险承担［J］.商业研究，2018（4）.

［89］张冬，陈富永.论经济新常态下高管降薪与深化国企体制改革——基于"习李经济学"的思考［J］.理论探讨，2015（6）.

［90］金晓燕.政府规制、公司治理与国企高管薪酬约束机制研究［J］.郑州大学学报（哲学社会科学版），2016（2）.

［91］杨蓉，罗昆.新任高管、同业参照效应与高管薪酬增长［J］.华东师范大学学报（哲学社会科学版），2017（2）.

［92］郭淑娟，张文婷，李竹梅.产权性质、技术创新投入与高管薪酬［J］.企业经济，2017（7）.

［93］刘凤芹，于洪涛.管理层权力、高管薪酬与"限薪令"的政策效果［J］.社会科学战线，2019（4）.

［94］马强.基于薪酬辩护论的垄断国企高管薪酬业绩敏感性研究［J］.南通大学学报（社会科学版），2017（6）.

［95］徐玉德，张昉.国企高管薪酬管制效率分析——一个基于信息租金的分析框架［J］.会计研究，2018（5）.

［96］张璇，郑乔乔，赵惠芳.内部控制对国有企业高管薪酬业绩敏感性的影响研究——基于国有企业分类改制的背景［J］.华东经济管理，2017（1）.

［97］王利君.国有企业高管薪酬管理中存在的主要问题及对策［J］.现代

经济信息，2016（24）.

［98］张锐.国企高管薪酬改革的深度检视［J］.中外企业文化，2014
（10）.

［99］吴永立，张盈盈.国有企业高管薪酬制度改革探讨［J］.合作经济与
科技，2016（9）.

［100］罗昆，范琼琼.产权性质、参照点效应与高管薪酬增长［J］.人文
杂志，2016（12）.

［101］陈承，万珊，朱乐.国企高管薪酬与企业社会责任——组织冗余与
市场化进程的调节作用［J］.中国软科学，2019（6）.

［102］任广乾.国有企业高管超额薪酬的实现路径及其约束机制研究［J］.
西南大学学报（社会科学版），2017（2）.

［103］吕洁，杜传文，薄秋实.国企价值增值、高管努力选择与最优长期
激励研究——来自我国上市公司的经验证据［J］.现代财经（天津
财经大学学报），2017（6）.

［104］张宏亮，王靖宇.薪酬管制、激励溢出与国企社会成本：一项准自
然实验［J］.中国软科学，2018（8）.

［105］傅穹，于永宁.高管薪酬的法律迷思［J］.西北政法大学学报，
2009（6）.

［106］高凤莲，高遵剑.高管薪酬与违规的实证研究［J］.财会通讯，
2018（36）.

［107］蒋大兴.超越国企改革的观念谬误［J］.中国法律评论，2016（2）.

［108］李翃楠.国企高管薪酬的法律规制及其合理化途径［J］.江西社会
科学，2014（7）.

［109］郭淑娟，昝东海，刘湘.行业垄断、管理层权力与高管薪酬的"非
均衡性"［J］.商业研究，2018（9）.

（五）博士论文

［1］邱茜.中国上市公司高管薪酬激励研究［D］.济南：山东大学，2011.

［2］黄玉龙.股权结构对高管薪酬契约实施效率影响的实证研究［D］.长

沙：中南大学，2014.

［3］徐海峰. 会计准则变革对企业高管薪酬的影响研究［D］. 大连：东北财经大学，2015.

［4］钟芳瑾. 上市公司董事薪酬决策之利益冲突研究［D］. 武汉：武汉大学，2014.

［5］王嘉歆. 高管薪酬外部不公平与非效率投资研究［D］. 徐州：中国矿业大学，2016.

［6］洪峰. 基于权衡视角的上市公司管理层薪酬业绩敏感度影响因素研究［D］. 大连：东北财经大学，2010.

［7］徐光伟. 政府管制下的国有企业高管激励机制研究［D］. 重庆：重庆大学，2012.

［8］丁敏. 垄断行业国有企业高管薪酬决定问题的研究［D］. 沈阳：辽宁大学，2012.

［9］施廷博. 上市公司高管薪酬监管法律制度研究［D］. 上海：华东政法大学，2012.

［10］庞长亮. 中国国有控股上市公司高管薪酬制度改革问题研究［D］. 长春：吉林大学，2014.

［11］范婧. 国有企业高管薪酬制度设计研究［D］. 北京：首都经济贸易大学，2017.